九曲堂車頭
風華煙塵

梁明輝———著

麗文文化事業　　高雄市立歷史博物館
KAOHSIUNG MUSEUM OF HISTORY

感謝

高雄市大樹文史協會

代表本人申請

高雄市立歷史博物館 2019 年第三屆

「寫高雄─屬於你我的高雄歷史出版及文史調查獎助計畫獎助」

獲獎助出版，特此致謝。

風華煙塵　九曲堂車頭

CONTENTS

總序

開啟高雄文史工作的另一新頁

　　文化是人類求生存過程中所創造發明的一切積累,歷史則是這段
過程記載。每個地方所處的環境及其面對的問題皆不相同,也必然會
形成各自不同的文化與歷史,因此文史工作強調地方性,這是它與國
史、世界史的差異所在。

　　高雄市早期在文獻會的主導下,有部分學者與民間專家投入地方
文史的調查研究,也累積不少成果。唯較可惜的是,這項文史工作並
非有計畫的推動,以致缺乏連貫性與全面性;調查研究成果也未有系
統地集結出版,以致難以保存、推廣與再深化。

　　2010年高雄縣市合併後,各個行政區的地理、族群、產業、信仰、
風俗等差異更大,全面性的文史工作有必要盡速展開,也因此高雄市
政府文化局與歷史博物館策劃「高雄文史采風」叢書,希望結合更多
的學者專家與文史工作者,有計畫地依主題與地區進行調查研究與書
寫出版,以使高雄的文史工作更具成效。

　　「高雄文史采風」叢書不是地方志書的撰寫,也不等同於地方史
的研究,它具有以下幾個特徵:

　　其一、文史采風不在書寫上層政治的「大歷史」，而在關注下層社的「小歷史」，無論是一個小村落、小地景、小行業、小人物的故事，或是常民生活的風俗習慣、信仰儀式、休閒娛樂等小傳統文化，只要具有傳統性、地方性與文化性，能夠感動人心，都是書寫的範圍。

　　其二、文史采風不是少數學者的工作，只要對地方文史充滿熱情與使命感，願意用心學習與實際調查，都可以投身其中。尤其文史工作具有地方性，在地人士最瞭解其風土民情與逸聞掌故，也最適合從事當地的文史采風，這是外來學者所難以取代的。

　　其三、文史采風不等同於學術研究，書寫方式也與一般論文不同，它不需要引經據典，追求「字字有來歷」；而是著重到田野現場進行實際的觀察、採訪與體驗，再將所見所聞詳實而完整的記錄下來。

　　如今，這叢書再添梁明輝《九曲堂車頭風華煙塵》專書出版，為高雄的文史工作開啟另一新頁。期待後續有更多有志者加入我們的行列，讓這項文史工作能穩健而長遠的走下去。

「高雄文史采風」叢書總編輯　謝貴文

推薦序

撥開煙塵還原曾有的曾經

　　2013 年接任大樹文史協會總幹事時認識了梁明輝先生（以下稱謂使用我的稱呼「梁大哥」做為用字），當年協會也是要幫梁大哥向市政府申請出版書籍，可惜未獲通過。後來，梁大哥自己出錢出版，那本書到目前為止，我依然把它當作在大樹導覽時的另一位無聲老師。

　　我一直都在大樹走動，從出生到現在，許多大樹的地名和傳說我都聽過，但是，真正走訪是這幾十年來的事。看梁大哥的書以及上他的課，有一種雙重認證的感覺，聽他上課就像是聽故事、聽傳說，加上歷史文獻跟相片做佐證。聽故事和聽傳說，這種事需要想像力，當拿出傳說中的圖片及相關資料佐證時，是在告訴大夥這件事的真實性。這樣子的課程和書籍，對我還在大樹導覽的人來說，是一件非常棒的在地課程補充，讓我可以不斷更新資料，猶如站在巨人的肩膀上講述一件曾經發生過的真實故事。

　　九曲堂這裏我並不熟悉，所有的認識都是口耳相傳，看大樹相關書籍堆積而成的。看完這一本《九曲堂車頭風雲煙塵》，補足了另一個面向的不足，書中有大量的圖片以及早期相關的書面資料。這些都是梁大哥除了用雙腳踏查訪問，也從文獻中蒐集相關佐證的資料，不藏私的放進書裏。謝謝梁大哥，對大樹這一塊土地戮力進行的歷史還原，更謝謝他對大樹文史協會的愛護，把功勞跟獎項給了大樹文史協會。

高雄市大樹文史協會第六屆理事長　許美鳳

自序

發現出生的故鄉

　　這一天，我好像被放入故鄉的產道，赤裸、滑溜的，重新又生了出來。

　　一切幼年時期，聽過的故事，耳聞過的傳說，本以為即將老去，卻在這一天，生動地，哇哇大哭起來。

　　田調期間，所有的事物，似乎又都回到了當初的原貌，在那樣的星空下，閃閃地活著。沒有人不再傳述當時的景像，也沒有人不再居住在當時的古厝裡，更沒有人不再走踏著當時響滿木屐聲音的老街。

　　牛車拖運甘蔗經過家門口的吆喝，還有大小火車的吼叫、鐵輪滾過鋼軌或鐵橋的轆轆鏘鏘與硿硿，更有苦力揹負的身影伴著濃烈地驛站煙塵。每一個家族曾經的繁榮又繁榮了，每一個商家曾經的富有又富有了，每一個人曾經的年輕又年輕了。照片不再皺褶泛黃，人物不再只是記憶，笑聲與話語，沿著久堂老街，就在這一天，生動地繁忙起來。

　　在開始辛苦收集文獻、田調、寫書，三年多之後……

　　這一天，彷彿我的故鄉，赤裸、滑溜的，重新又生了出來。

本書之出版承蒙高雄市大樹文史協會向史博館提出申請，特此感謝

前言

　　大樹東臨高屏溪，西為低丘陵。溪埔地南北綿延，丘陵礫石地質發達，非常適合旱作，這在昔年甘蔗製糖，或鳳梨栽種的經濟價值上，顯為重要。尤以高屏溪溪水清甜，九曲堂附近一帶位置偏在南方，更是各支流匯集後，水源豐沛之地。因此，具有遠見的當政者，無不想藉而擘畫可長可久的施政方針，以利民收稅，為國家千秋計。

　　始自道光年間曹公圳建造，到明治大正之間建立臺鐵與糖鐵九曲堂火車站、九曲堂取入口、小坪頂水源地、鳳梨種苗養成所、鳳梨製罐，以及搭建淡水溪鐵橋……等等，無一不是出自這樣的考量。可以說，歷代當政者對於九曲堂附近區域，是有所想像的，尤以日治時代在此地的建設，更為鮮明。是故，日治時代的九曲堂車頭街區，勢必隨著車站設立而成街，人口增多、商店林立。本書的要旨，就在書寫這一段過往，尤主要以日治時期，臺鐵和糖鐵兩大鐵道交會的久堂里為中心，探訪九曲堂車站街區的代表家族，和曾經擁有過的商業活動，也收集九腳桶相關的鐵路變遷，探訪竹仔寮與小坪頂，構成九曲堂車頭風華的種種。剛好，近來政府在九曲堂車頭古街區修建鳳梨工場遺跡，發展文史資源與導覽，本書可以配合這樣的設立與解說。

　　不可避免的，因為本書在調查採訪期間接觸本地耆老人士，書寫用語或沿用百年來本地慣用語，以更精確的表達本地人士對地物的習慣區分，如臺鐵有時稱為「大鐵路」，其鐵軌稱為「大鐵枝仔路」，臺鐵火車站則又稱為「大驛頭」或「大火車頭」，糖業鐵軌稱為「小鐵枝仔路」，糖業鐵道火車站則又稱為「小驛頭」或「小火車頭」，九曲里大都被稱為「庄內」，有時又稱為「九腳桶」，久堂里或被外庄之人稱為車頭，但久堂人對車頭又有上述更細的大小區分，而且知道車頭指的是久堂里內的車站，並不自稱為車頭，所以，本書仍以久堂稱呼久堂里。

第一章

庄內時期的
九曲堂驛頭

第一章
庄內時期的九曲堂驛頭

第一節　鐵路建成之前的時代背景

除了〈前言〉所提「高屏溪溪水清甜，九曲堂附近一帶位置偏在南方，更是各支流匯集後，水源豐沛之地」之外。不可忽略的，九曲堂昔稱九腳桶，自乾隆 33 年（1768）黃教事件開始之後，歷經莊大田、蔡牽，直到道光 4 年（1824）楊良斌等各有關淡水溪溪岸事件中，九腳桶一帶地方即被官方認為是賊匪猖獗之地。

不過，自道光 24 年（1844）曹公新舊圳建成之後，至滿清政府離臺，九腳桶地方未再有反清事件發生。這種官方施予水利，整治地方的方法，在當時，即可見諸於臺灣府知府熊一本所撰〈曹公圳記〉碑文。其中書寫治臺本務之觀點，表明一開始就不相信以前官員所謂「治臺之法，惟在弭盜而已」，也不相信「臺地沃饒千里，戶有蓋藏，民食不待籌也」，而認為「治臺之本計」在於「勸興水利，教以鑿陂開塘之法」，以灌溉水田，遠離饑饉之患。[1]

但在曹公新舊圳建成，九腳桶地方稍稍平靜半世紀之後，清國割讓了臺灣。就在明治 28 年（1895），日本政府剛接收臺灣之際，就有一位林少貓，世居阿緱（屏東）召集人民抗日，經常於阿緱、潮州地

1　盧德嘉《鳳山縣采訪冊》〈丙部・地輿（三）/圳道（水利一）/附錄：曹公圳記〉，臺灣文獻叢刊第七三種，臺北：臺灣銀行經濟研究室，1950 年，頁 84-86，碑存高雄縣鳳山鎮曹公祠。

區攻擊日人。尤其在明治30-31年間（1897-1898），率眾三、四百人，忽而圍攻東港日軍營房及東港辦務署、內埔辦務署及警察署，忽而襲擊潮州憲兵屯所、阿緱憲兵屯所，又擬攻鳳山而與日軍作戰。不止如此，更攻下潮州，在城內舉行日人受降儀式。再又南下攻擊恆春，直到日人援軍自車城登陸，並從海上發射艦砲兩面夾擊，林少貓所率領的抗日部隊才進行撤退。可說從阿緱、鳳山到潮州、恆春的大地區，都有林少貓的抗日足跡，讓日人頭疼不已。直到明治32年（1899），林少貓才提出十大要求，在日治總督兒玉源太郎同意之下停戰。但是，明治35年（1902）日人毀約反悔，總督兒玉源太郎下達命令消滅林少貓，突擊其住宅，致使林少貓戰死，全族皆亡。

又依據萬丹李明進老師未及成書，在網頁留下的〈亦匪亦盜抗日豪傑林少貓〉採錄文章。其中，就訪問了住在磚仔窯寮大正13年（1924）出生的洪老來先生自述十三歲時，常聽一位比他年長四十多歲的黃福港伯，說到他參與林少貓抗日義勇軍的故事和林少貓的生平事跡：「林少貓率領了一群黨徒，盤踞在下淡水溪『大崙』的地區，剛好位在磚窯寮與社皮村西邊溪埔『粿葉樹崙』的地方，大崙地勢高，土地肥沃，長滿粿葉樹，面積大約三十八甲，林少貓之夥除了農耕，養牛養豬，時常結群到附近村落，磚窯寮、社皮、廣安、玉成、大洲、溪洲，偷豬、偷牛到大崙來宰殺，魚肉鄉民，造成鄉民怒罵不絕。」[2]

所以「大崙」，也就是磚仔窯寮與社皮村西邊溪埔的「粿葉樹崙」，不過，和九曲堂又有什麼地緣關係呢？筆者從日治臺灣總督府檔案中查閱，發現有關林少貓地方活動的地圖與文件資料，其中提到林少貓在頭前溪和磚仔窯之間溪埔地原野活動的情形。簡略翻譯文件中有關

2　李明進〈亦匪亦盜抗日豪傑林少貓〉，引自萬丹基督長老教會「社區關懷委員會」建置之「萬丹鄉音」，http://wantan.tacocity.com.tw/main.htm。

片段：「匪首林少貓因嚴密的偵察，為尋容身之地，率領其一家人住居本地（即前述溪埔地），後又掠奪其附近部落，去年（明治35年〔1902〕）2月底軍隊襲擊其住處，燒棄其家，殺其一族」（圖1-1-1）。又從公文附圖（圖1-1-2）比對極為接近當時的「西元1898年日治二萬分之一臺灣堡圖」，即可判讀林少貓居住與活動的粿葉樹崙，即位於九腳桶正東稍南的溪埔地位置（圖1-1-3）。

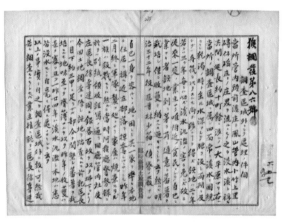

圖1-1-1
引用資訊：「調查區域外トシテ處理方（阿猴派出所へ指令、各派出所事務官へ通知）」（1903年06月01日），〈明治三十六年永久保存第二一六卷〉，《臺灣總督府檔案》，國史館臺灣文獻館，典藏號：00004408021。
圖片來源：國史館臺灣文獻館提供。

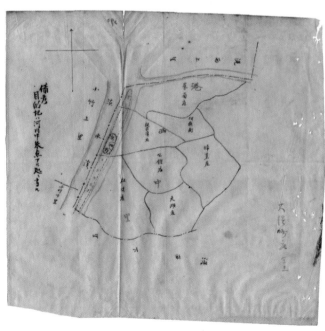

圖1-1-2
引用資訊：「調查區域外トシテ處理方（阿猴派出所へ指令、各派出所事務官へ通知）」（1903年06月01日），〈明治三十六年永久保存第二一六卷〉，《臺灣總督府檔案》，國史館臺灣文獻館，典藏號：00004408021。
圖片來源：國史館臺灣文獻館提供。

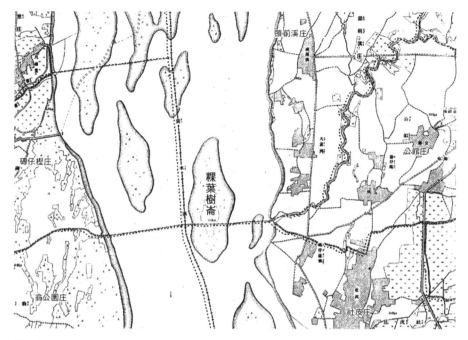

圖 1-1-3
林少貓所居溪埔地－粿葉樹崙。引用資訊：「西元 1898 年日治二萬分之一臺灣堡圖」（明治版），
圖中「粿葉樹崙」四字為筆者解圖所標註。
底圖來源：中央研究院人社中心圖資。

　　可知林少貓事件抗日期間，接近九腳桶的東鄰溪埔地，是林少貓
一家人居住及其黨人的聚集之地。沿著歷代執政者一面消極弭盜，一
面積極經濟建設，朝向有利於執政者方向發展的思維來看：日人所以
開發阿緱鐵路，九曲堂所以會成為大小火車交會的重要位置，歷史的
軌跡一直都在，不曾隱瞞，只留待吾人細心的發掘。

第二節　時空交錯的曹公圳與鐵路

　　庄內，又稱九腳桶，即現今的九曲里，道光 24 年（1844）以後是
曹公新舊圳的圳頭地方，一年一度的埤肚重築，其所需求人力，為九
腳桶和鄰近庄頭帶來極大的利益。何其幸運，明治 40 年（1907），九

腳桶被日本官鐵建了九曲堂火車站，10 月 1 日開始鐵道運輸營業，與鳳山同時成為打狗以東的兩大驛頭，如圖 1-2-1。此時的九曲堂大驛頭不只搭載旅客，從當時郵便線路建設來看，也是最接近淡水溪岸，可向屏東傳遞郵便文件，屬阿緱郵局的重要驛頭，如圖 1-2-2。

 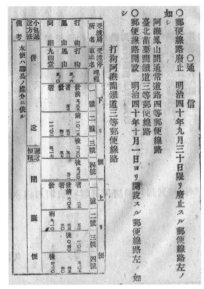

圖 1-2-1（左）
引用資訊：「鳳山廳下鳳山及九曲堂二停車場設置運輸營業開始ノ件」（1907 年 09 月 29 日），〈臺灣總督府府報第號〉號外，《臺灣總督府府（官）報》，國史館臺灣文獻館，典藏號：0071012285e001。
圖片來源：國史館臺灣文獻館提供。

圖 1-2-2（右）
引用資訊：「郵便線路開設」（1907 年 09 月 28 日），〈臺灣總督府府報第號〉，《臺灣總督府府（官）報》，國史館臺灣文獻館，典藏號：0071012285a011。
圖片來源：國史館臺灣文獻館提供。

　　隨著庄內大驛頭的建置，明治 40 年 8 月提案申請，而於明治 41 年（1908）6 月獲得補助的臺灣製糖株式會社，也開始架設簡便橋樑跨過淡水溪（圖 1-2-3）。明治 42 年（1909）1 月 10 日來往九曲堂與阿緱之間的糖業鐵道先以郵便線路先獲得開通（圖 1-2-4），同年 6 月

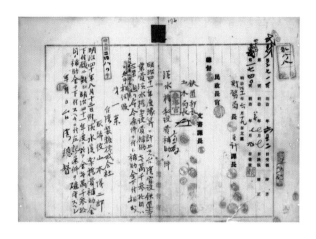

圖 1-2-3
引用資訊：「淡水溪架橋費補助願二對シ金員下付ノ件（臺灣製糖株式會社）」（1907年08月13日），〈明治四十一年永久保存第二十六卷〉，《臺灣總督府檔案》，國史館臺灣文獻館，典藏號：00001385019。
圖片來源：國史館臺灣文獻館提供。

30 日又獲得運輸營業的許可（圖 1-2-5），以六噸機關頭牽引貨車（圖 1-2-6），開始貨運業務。這時期跨越淡水溪的鐵道橋，為輕便的簡易橋樑，雨汛過後每有橋段流失，即需要施行修復工程，一年在流失復舊的花費接近兩萬圓（圖 1-2-7）。依據當時運輸估算，臺灣製糖株式會社在這段淡水溪便橋的投資，主要僅有砂糖與米貨的運輸收入，是一條專用來運貨的「小鐵枝仔橋」（圖 1-2-8），一年至少要虧損七成五。

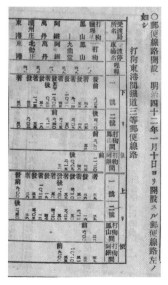

圖 1-2-4 （左）
引用資訊：「郵便線路開設」（1908 年 12 月 26 日），〈臺灣總督府府報第號〉，《臺灣總督府府（官）報》，國史館臺灣文獻館，典藏號：0071012602a011。
圖片來源：國史館臺灣文獻館提供。

圖 1-2-5 （右）
引用資訊：「臺灣製糖株式會社鐵道線路九曲堂東港間竝阿緱阿里港間運輸營業開始許可ノ件」（1909 年 06 月 30 日），〈臺灣總督府府報第號〉，《臺灣總督府府（官）報》，國史館臺灣文獻館，典藏號：0071012733a007。
圖片來源：國史館臺灣文獻館提供。

圖 1-2-6
引用資訊:「淡水溪架橋費補助願二對シ金員
下付ノ件(臺灣製糖株式會社)」(1907 年
08 月 13 日),〈明治四十一年永久保存第
二十六卷〉,《臺灣總督府檔案》,國史館臺
灣文獻館,典藏號:00001385019。
圖片來源:國史館臺灣文獻館提供。

圖 1-2-7
引用資訊:「淡水溪架橋費補助願二對シ金員
下付ノ件(臺灣製糖株式會社)」(1907 年
08 月 13 日),〈明治四十一年永久保存第
二十六卷〉,《臺灣總督府檔案》,國史館臺
灣文獻館,典藏號:00001385019。
圖片來源:國史館臺灣文獻館提供。

圖 1-2-8
糖業專用鐵道橋 - 下淡水溪(今高屏溪)橋。引用資訊:國立臺灣大學圖書館藏,明信片第四十
號 糖業專用鐵道橋 - 下淡水溪(今高屏溪)橋,*Special railway for sugar delivery crossing the
Kaoping River in southern Taiwan*(1915)《臺灣製糖株式會社創立十五週年紀念》,臺灣製糖
株式會社,1915。【作者註:六噸機關頭牽引貨車】

又從當時的「淡水溪架橋路線圖」（圖 1-2-9），可以見到官鐵與糖鐵末端交錯位置在九腳桶舊部落的東北角，經過作者調正比例套圖之後，官鐵與糖鐵末端剛好在曹公新圳圳頭「三空額」西側位置交錯（圖 1-2-10）。官鐵末端之大驛頭偏在三空額之北，就在現今錦祥產業公司

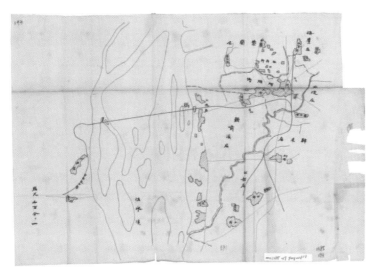

圖 1-2-9
引用資訊：「淡水溪架橋費補助願ニ對シ金員下付ノ件（臺灣製糖株式會社）」（1907 年 08 月 13 日），〈明治四十一年永久保存第二十六卷〉，《臺灣總督府檔案》，國史館臺灣文獻館，典藏號：00001385019。
圖片來源：國史館臺灣文獻館提供。

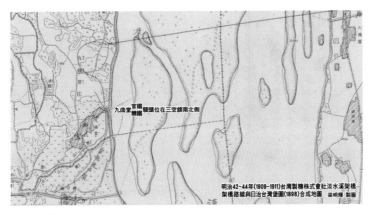

圖 1-2-10
庄內時期 - 九曲堂驛頭 1。筆者於 20190512 合成製圖。
頂圖來源：同圖 1-2-9。
底圖來源：「西元 1898 年日治二萬分之一臺灣堡圖」（明治版），中央研究院人社中心圖資。

之內，也就是三空頜北側附近土地；臺糖末端之小驛頭偏在三空頜之南，就在現今河濱二巷萬應公廟北側附近位置。

這幅「淡水溪架橋路線圖」，經過筆者依兩個時期套圖之後，呈現出明治42-44年（1909-1911）初始的地景，也呈現了當時架橋路線與現代地圖的比對樣貌（圖1-2-11）。尤其，當時架橋路線與現代地圖的疊合，比對出此橋樑，雖在六塊厝端有偏北的呈現，但在九曲堂端卻極為接近現代鐵路橋。這可以說明，為配合大正2年（1913）年底開始營運的淡水溪新鐵橋，其建橋工程前置作業所需，致使本段舊的淡水溪架橋路線提早兩年在明治44年（1911）年底就廢止運輸營業（圖1-2-12），僅僅營運了三年。

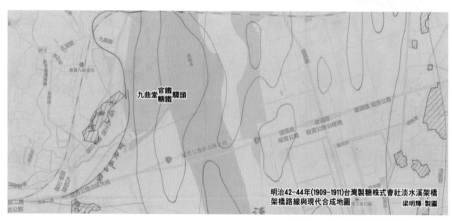

圖 1-2-11
庄內時期 - 九曲堂驛頭 2。筆者於 20190512 合成製圖。
頂圖來源：同圖 1-2-9。
底圖來源：「都市計畫使用分區圖【URDB】」，中央研究院人社中心圖資。

圖 1-2-12（右上）
引用資訊：「臺灣製糖株式會社九曲堂阿緱間運輸營業廢止ノ件」（1911 年 12 月 30 日），〈臺灣總督府府報第號〉，《臺灣總督府府（官）報》，國史館臺灣文獻館，典藏號：0071013408a006。
圖片來源：國史館臺灣文獻館提供。

久堂時期的
九曲堂驛頭

第二章
久堂時期的九曲堂驛頭

第一節　小鐵枝仔路與九曲堂小驛頭

　　因為大驛頭運載量大的關係，很少人知道久堂里這邊，事實上是先設立了糖業鐵道的小驛頭。僅有一位舊居驛頭前的耆老陳麗坤女士（昭和3年〔1928〕生，現住北部，為大樹鄉第二屆鄉長黃世英的妻子）接受筆者電話訪問時，提到還記得小驛頭最初的位置就在電信局前方，它的樣貌比起後來接近泰芳鳳梨工場的小驛頭，是較小而且較為簡陋的木造站房。耆老陳麗坤所提小驛頭，正是明治43年（1910）8月20日旗尾線糖業鐵道開始運輸營業時，由高砂製糖株式會社所設置的糖鐵小火車站（圖2-1-1）。當時，整個大樹區只有九曲堂、大樹腳兩個小驛頭。

　　隨著明治43年（1910）12月10日大樹區內增設溪埔站（圖2-1-2），高砂製糖株式會社在隔年被鹽水港製糖株式會社合併。這條糖業專用鐵道又在

圖 2-1-1
引用資訊：「九曲堂旗尾間ニ運輸營業開始ノ件」（1910 年 08 月 20 日），（臺灣總督府府報第號），《臺灣總督府府（官）報》，國史館臺灣文獻館，典藏號：0071013030a002。
圖片來源：國史館臺灣文獻館提供。

圖 2-1-2 （左）
引用資訊：「高砂製糖會社旗尾線ノ中嶺口大樹脚間ニ溪埔假乘降場設置ノ件」（1910 年 12 月 10 日），（臺灣總督府府報第號），《臺灣總督府（官）報》，國史館臺灣文獻館，典藏號：0071013116a001。
圖片來源：國史館臺灣文獻館提供。

圖 2-1-3 （右）
引用資訊：「鹽水港製糖株式會社鐵道讓渡」（1927 年 12 月 27 日），（臺灣總督府報第號），《臺灣總督府（官）報》，國史館臺灣文獻館，典藏號：0071030275a013。
圖片來源：國史館臺灣文獻館提供。

昭和 2 年（1927）12 月 24 日，一方面併隨著旗尾線的業務拓展，獲得延長到竹頭角的許可，同時也從鹽水港製糖株式會社手中，讓渡給了當時蓬勃發展的臺灣製糖株式會社經營（圖 2-1-3）。

這條糖業鐵道上的車站，被明定為「自動客車專用停車場」，確定其售票載客，是在昭和 3 年（1928）6 月 30 日臺灣製糖株式會社於九曲堂和大樹之間新設龍目驛之時（圖 2-1-4）。一季之後，隨即於昭和 3 年（1928）10 月 4 日，臺灣製糖株式會社又在大樹區內新設公館、洲子、蔴竹三個車站（圖 2-1-5）。筆者探訪前期，曾因為九曲堂到龍目兩驛間的公館站位置問題，找不到知曉的耆老，而大費腦筋。當時，只得依表中哩程換算丈量，由確知的龍目站測量到那時候九曲堂小驛頭仍在電信局前方位置（圖 2-1-6），再由此位置回推而測量出公館站的位置（圖 2-1-7）。

圖 2-1-4（左）
引用資訊：「私設鐵道自動客車專用停車場新設」（1928 年 07 月 03 日）．（臺灣總督府府報第號）．《臺灣總督府（官）報》．國史館臺灣文獻館．典藏號：0071030419a003。
圖片來源：國史館臺灣文獻館提供。

圖 2-1-5（右）
引用資訊：「私設鐵道停車場新設」（1928 年 10 月 06 日）．（臺灣總督府報第號）．《臺灣總督府府（官）報》．國史館臺灣文獻館．典藏號：0071030493a008。
圖片來源：國史館臺灣文獻館提供。

圖 2-1-6
明治 43 年 - 昭和 16 年（1910-1941）九曲堂小驛頭距龍目驛 2.5 英里，就在電信局前方位置。筆者於 20190513 截圖製圖。
底圖來源：「標準地圖【OSM】」．中央研究院人社中心圖資。

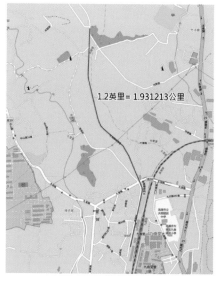

圖 2-1-7
昭和 3-20 年（1928-1945）公館驛距九曲堂小驛頭 1.2 英里，就在小坪頂水廠門前竹寮路和糖業鐵道的立體交叉口位置。筆者於 20190513 截圖製圖。
底圖來源：「標準地圖【OSM】」．中央研究院人社中心圖資。

　　因為這樣的發現，才又注意到「西元 1924 年日治五萬分之一地形圖」（圖 2-1-8）與「西元 1929 年大日本職業別明細圖」（圖 2-1-9），所標示九曲堂小驛頭的位置也在電信局前方位置。最後，才又問到耆老陳坤財（井仔腳人，大正 14 年〔1925〕生）曾經親眼目睹公館站有乘客等車，而以大樹鳳梨種苗養成所員工為主要客源的景況。耆老陳坤財又指出，站牌為鐵製，位置就在糖業鐵道的西側，小坪頂水廠門前竹寮路和糖業鐵道的交叉口（圖 2-1-10）。

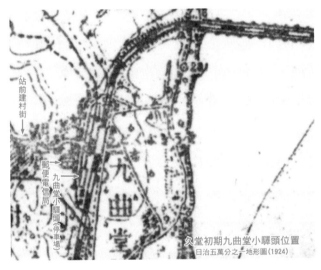

圖 2-1-8
九曲堂小驛頭的位置在電信局前方位置。
底圖來源：「西元 1924 年日治五萬分之一地形圖」（陸地測量部），中央研究院人社中心圖資。

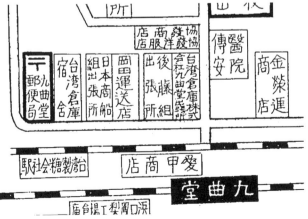

圖 2-1-9
引用資訊：「西元 1929 年大日本職業別明細圖」，標示九曲堂小驛頭的位置在電信局前方位置。
圖片來源：南天書局提供。

圖 2-1-10
公館驛站牌位置。筆者於 20190513 截圖製圖。
底圖來源：「都市計畫使用分區圖【URDB】」，
中央研究院人社中心圖資。

　　又從臺灣製糖株式會社昭和 7 年（1932）5 月 18 日在大樹區內新
設統領坑車站，而九曲堂到公館、龍目兩驛間的哩程不變（圖2-1-11），
可知當時九曲堂小驛頭仍在電信局前方位置。再從耆老陳麗坤的電話
訪談中得知，在她小學五、六年級時，九曲堂小驛頭放棄了電信局前
方樣貌較小且較為簡陋的木造站房（圖2-1-12）（詳【辨記】），遷
移到最後大家所熟知的位置（高雄市大樹區復興街 54 號前方）。依此
推估約當昭和 15-16 年（1940-1941），九曲堂小驛頭可能趁著大驛頭
搬遷計劃確定或大驛頭搬遷之後，向官鐵租用空出土地並做遷移（為
便於敘述此搬遷時間點，本書自此不再以昭和 15-16 年（1940-1941）
記寫，而皆以昭和 16 年〔1941〕為代表年）。這一景象，可從「西元
1942 年日治二萬五千分之一地形圖」，看到九曲堂小驛頭已經完成了
向北遷移（圖2-1-13）。

圖 2-1-12
九曲堂小驛頭最初在電信局前方（明治 43 年 - 昭和 16 年〔1910-1941〕），是較小而且較為簡陋的木造站房。（被誤會的庄內時期九曲堂臺鐵火車站，20210509 筆者攝於九曲堂火車站候車室）

圖 2-1-11
引用資訊：「私設鐵道停車場移轉及新設認可」（1932 年 05 月 22 日），（臺灣總督府府報第號），《臺灣總督府（官）報》，國史館臺灣文獻館，典藏號：0071031529a007。
圖片來源：國史館臺灣文獻館提供。

圖 2-1-13
昭和 16 年（1941）九曲堂小驛頭已遷移到最後位置（高雄市大樹區復興街 54 號前方）。
底圖來源：「西元 1942 年日治二萬五千分之一地形圖（昭和修正版）」，中央研究院人社中心圖資。

九曲堂車頭風華煙塵

第二章　久堂時期的九曲堂驛頭

【辨記】

圖 2-1-12 受到的最大誤解，就是該照片最下方被增加的一行字：「明治 40 年（西元 1907 年 10 月 1 日設九曲堂驛」，而被誤認為它是最初設立在庄內的官鐵線大驛頭。但從這張照片的下方大字，即原已標註有「社線九曲堂驛」，可見這並非當時的官鐵線，而是製糖會社鐵道上的九曲堂驛。

但，這是否為庄內時期製糖會社的九曲堂小驛頭呢？時間密碼就藏在照片裡的檳榔樹。檳榔之栽培主要採用種子育苗，種子以營養袋或覆土育苗，出苗約 1 年後，高 50-60 公分，有 5-6 片葉時，即行帶土移植到固定位置，7-10 年開始開花結果。所以，從此照片中的檳榔樹已開花推斷，本驛建造至少已經 6 年，可見此製糖會社鐵道上的九曲堂驛，不會是只有存在 3 年的庄內時期九曲堂小驛頭。因此，這照片的主體，當然是旗尾線最初在電信局前方的九曲堂驛（明治 43 年 - 昭和 16 年 [1910-1941]）。

再從一位不願透露姓名的收藏者提供其父親（曾任職於臺糖）所留下的相冊（版權聲明為遠藤俊所有，相冊內容都是臺灣製糖株式會社所屬相片），其中一張與前述照片顯然同一地點拍攝，相片中旗尾線九曲堂小驛頭候車室，有著充滿旅客的情景。這正說明了此一相片拍攝的時間，應在昭和 3 年（1928）6 月 30 日自動客車專用停車場開始客運之後到昭和 16 年（1941）之間，當時九曲堂小驛頭仍在電信局對面。

至於公館站的情形，又從耆老陳坤財的訪談中探知，直到他十幾歲時，仍見乘客在公館站等車的情景。有了這些根據，筆者也在「西元 1942 年日治五萬分之一地形圖」內找到標示並不明顯的公館小驛頭（圖 2-1-14），更證實了以上測量和訪談的正確性。可知，隨著大樹鳳梨種苗養成所的衰微，以及日本因戰敗而撤離臺

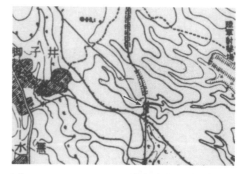

圖 2-1-14

「西元 1942 年日治二萬五千分之一地形圖」內，標示並不明顯的公館小驛頭。公館小驛頭南，也可以看到上方糖業鐵道與下方輕便鐵道呈十字交錯，在大正 2 年（1913）構成九曲堂第一處雙軌立體交錯位置。

底圖來源：「西元 1942 年日治二萬五千分之一地形圖（昭和修正版）」，中央研究院人社中心圖資。

灣，昭和 20 年（1945）年大約是公館站結束營業之時。同圖在公館站南側，也可以看到上方糖業鐵道與下方輕便鐵道呈十字交錯，顯現始於大正 2 年（1913）年即構成九曲堂第一處雙軌立體交錯之景象（詳閱第三章第三節）。

　　民國 67 年（1978），臺灣糖業股份有限公司所屬旗尾線結束客貨運。當時，筆者父親梁連致從自家二樓攝影，為九曲堂小驛頭（1941-1982）留下最後的身影（圖 2-1-15）。時代巨輪加上在地人文化保護意識不足，九曲堂小驛頭終不免於民國 71 年（1982）隨著旗尾線鐵路遭到拆除的命運。

圖 2-1-15
筆者父親梁連致於民國 67 年（1978）從自家二樓攝影，為九曲堂小驛頭全景（1941-1982）留下最後的身影（原為兩張相片，筆者接合後修圖成為小驛頭全景）。

第二節　連接到屏東大寮的糖業鐵道段

在筆者這一代，許多讀過九曲國小或大樹國中的人，印象最深刻的事莫過於學校後方的糖業鐵道。只要小火車一經過，轆轆碎碎的鐵輪行軌聲，常常分散了我們上課聽講的專注力。這時，小孩高興的看著教室窗外，老師總是怨聲連連，這一景象，就成了我們對於學校學習很特殊的記憶。但是，這一段開設在學校後方的糖業鐵道，又是從哪時開始？它承載了什麼樣的意義？

搜尋總督府文件，似乎對這一段糖業鐵道並無文件留下，但是，翻閱日治地圖，又見它躍然於圖上。所以，筆者只能從地圖及少量的文件中，比對它的存在。從「西元 1924 年日治五萬分之一地形圖」之中，可以看到連接高屏的水泥公路橋（在地人稱「人道橋」）仍未鋪設，旗尾線糖業鐵道也並未向外連接其他糖業鐵道（圖 2-2-1）。

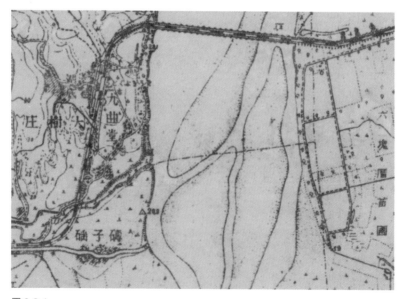

圖 2-2-1
從「西元 1924 年日治五萬分之一地形圖」（陸地測量部）可知，當時尚未鋪設人道橋。
圖片來源：「西元 1924 年日治五萬分之一地形圖」（陸地測量部），中央研究院人社中心圖資。

　　直到在省府委員會議檔案查到一份「交通處簽為公路局西部幹線高雄、屏東間新下淡水溪橋財務計畫，業已編竣，需測量鑽探費 200 萬元，請准予墊款辦理案」的文件，從其前言說明，才確知人道橋建成於昭和 13 年（1939／件內說明為民國 28 年），橋長 1701 公尺，寬 7.5 公尺，內設臺糖鐵路（圖 2-2-2）。

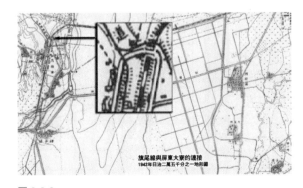

圖 2-2-2
引用資訊：「交通處簽為公路局西部幹線高雄、屏東間新下淡水溪橋財務計畫，業已編竣，需測量鑽探費 200 萬元，請准予墊款辦理案。」（1974 年 05 月 06 日），（01 委員會議），《臺灣省政府委員會議檔案》，國史館臺灣文獻館，典藏號：00501124210。
圖片來源：國史館臺灣文獻館提供。

　　據此，再查對「西元 1942 年日治二萬五千分之一地形圖」，發現大約在現今城隍廟廟埕位置，旗尾線糖業鐵道連接屏東大寮路段自此起始。地圖中可見，本段連線鐵道由北向南而東，轉了一個彎弧，略微上坡爬向高

圖 2-2-3
大約在現今城隍廟廟埕位置，旗尾線糖業鐵道連接屏東大寮路段自此起始，可見本段鐵道由北向南而東，轉了一個彎弧。在高處平行於烏杉橋，而和低處官鐵呈十字交錯，構成昭和 14 年（1939）九曲堂第二處雙軌立體交錯位置。
底圖來源：「西元 1942 年日治二萬五千分之一地形圖（昭和修正版）」，中央研究院人社中心圖資。

處平行於烏杉橋，而和低凹處官鐵呈十字交錯，構成昭和 14 年（1939）九曲堂第二處雙軌立體交錯位置（圖 2-2-3）；再轉向南下，約略切過永豐造紙研究中心、大樹國中與九曲國小的後方；然後，進入九曲里庄內，概約沿著現在北極殿前之九曲路東緣續行，而於台 29 與曹公圳相交北方約一百公尺處，直接正南而走，終而到達磚仔窯（圖 2-2-4）。

從「西元 1942 年日治二萬五千分之一地形圖」，可以看見本段連線鐵道跨越高屏公路，在磚仔窯和

圖 2-2-4
臺糖連線鐵道經過庄內街道地圖，「西元 1942 年日治二萬五千分之一地形圖」與現代街道合成圖。筆者於 20190421 截圖。
底圖來源：「標準地圖【OSM】」，中央研究院人社中心圖資。

大寮境內糖業鐵道連接的情景（圖 2-2-5）；也可看到，本段連線鐵道進入人道橋之後，在橋東和屏東境內糖業鐵道連接的景況（圖 2-2-6）。不過，無論來自大樹或大寮，跨過人道橋，以做為糖業鐵道的連接，原來都是為了能連通「臺灣製糖阿緱工場」（圖 2-2-7）。其中，不僅有降低製糖運輸成本的思維，也或許有大東亞共榮，在備戰中分散製糖風險之多重考量，藉此，可以臆想處於當時背景，臺灣製糖株式會社在其時越發艱難的時空下，所以應變的經營宏圖。

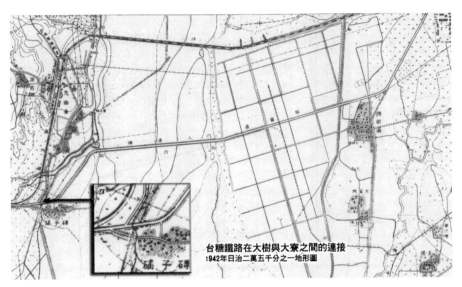

圖 2-2-5
本段連線鐵道跨越高屏公路，在磚仔窯和大寮境內糖業鐵道連接的情景。
底圖來源：「西元 1942 年日治二萬五千分之一地形圖（昭和修正版）」，中央研究院人社中心圖資。

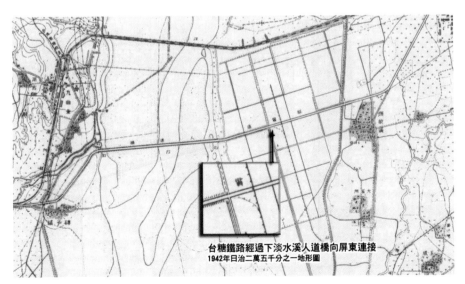

圖 2-2-6
本段連線鐵道進入人道橋之後，在橋東和屏東境內糖業鐵道連接的情景。
底圖來源：「西元 1942 年日治二萬五千分之一地形圖（昭和修正版）」，中央研究院人社中心圖資。

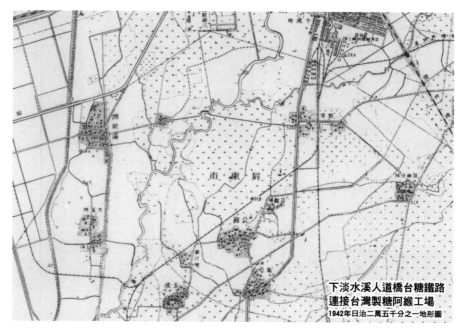

下淡水溪人道橋台糖鐵路
連接台灣製糖阿緱工場
1942年日治二萬五千分之一地形圖

圖 2-2-7
跨過人道橋作為糖業鐵道的連接，原來都是為了都是為了能通達「臺灣製糖阿緱工場」。
底圖來源：「西元 1942 年日治二萬五千分之一地形圖（昭和修正版）」，中央研究院人社中心
圖資。

第三節　大鐵枝仔路與九曲堂大驛頭

　　就在高砂製糖株式會社首先在久堂里設置小驛頭之後，明治 44 年
（1911）因為日本政府將築阿緱鐵路，便調派飯田豐二為九曲堂派出
所主任，以便督工[1]。從總督府檔案中，可以看到明治 45 年至大正元
年（即西元 1912 年年間），日本官方因為鐵道用地，而有處分九曲堂
上帝爺（約今永新家具位置）和福德爺（約今錦祥位置）之土地，及
地主寄付捐贈鐵道用地的公文往來（圖 2-3-1、圖 2-3-2）。這時，工
程最為艱鉅的官鐵淡水溪鐵橋，也在飯田豐二的督造下開始興建，終

1　原件碑文嵌在飯田豐二紀念碑。

在大正 2 年（1913）12 月 20 日九曲堂大驛頭位置移轉，同時設置六塊厝、阿緱等車站（圖 2-3-3），完成了阿緱鐵路的通車營運。當時府報所謂的位置移轉，其實就在當時久堂里建村街東端的土地上，也就是今日車站的地方，這和許多地方耆老的回憶，以及「西元 1924 年日

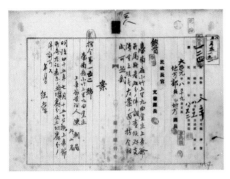

圖 2-3-1
引用資訊：「陳朝居外二名上帝爺所屬土地ニ屬スル典權及土地處分許可」（1912 年 08 月 22 日），（大正元年永久保存第二十八卷），《臺灣總督府檔案》，國史館臺灣文獻館，典藏號：00001938038。
圖片來源：國史館臺灣文獻館提供。

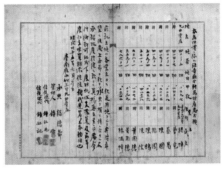

圖 2-3-2
引用資訊：「鍾霏外二名福德爺所屬土地ニ對スル典權處分許可」（1912-07-24），〈大正元年臺灣總督府公文類纂永久保存第二十八卷地方〉，《臺灣總督府檔案·總督府公文類纂》，國史館臺灣文獻館，典藏號：00001938031。
圖片來源：國史館臺灣文獻館提供。

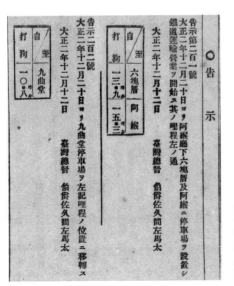

圖 2-3-3
引用資訊：「九曲堂停車場移轉」（1913 年 12 月 12 日），（臺灣總督府府報第號），《臺灣總督府府（官）報》，國史館臺灣文獻館，典藏號：0071020376a002。
圖片來源：國史館臺灣文獻館提供。

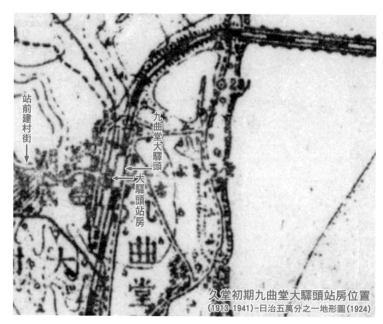

圖 2-3-4
久堂初期九曲堂大驛頭站房位置。
底圖來源「西元 1924 年日治五萬分之一地形圖」（陸地測量部），中央研究院人社中心圖資。

治五萬分之一地形圖」的標示極為一致（圖 2-3-4）。

　　依據筆者家族的回憶，淡水溪鐵橋建造之際，祖父梁毛曾在鐵橋下賣冰，親眼見過工人如何建造鐵橋（圖 2-3-5）。當時鐵橋是以鉚釘接合鋼材而成，因此每一個接合鋼材的工作就非常重要。這工作以四人為一組，兩人在橋下，兩人在橋上，橋下一人負責用火爐將鉚釘燒紅，另一人手持一根長篙，篙端裝設一片鐵匙，將燒紅鉚釘放在篙端鐵匙內，而後雙手握篙用力將鉚釘往上拋飛，橋上一人手拿火鉗，神準地夾住拋飛上來的鉚釘，套入鋼材的接合孔中，趁著鉚釘尚未冷卻，另一人手舉大鐵鎚，隨即連番上下用力鎚擊，把鉚釘緊緊鉚固於鋼材之內。像這樣橋上的高空工作，極度危險，常常發生意外，當時久堂

圖 2-3-5
下淡水溪鐵橋。
引用資訊:《臺灣水道誌》〈阿緱水道〉[252-265] 頁 253,發行:臺灣總督府民政部土木局,大正 7 年(1918)。
圖片來源:中央研究院臺灣史研究所檔案館典藏。

石頭公(現在的醮伯公廟)旁邊的材料放置場,就成為暫時停屍等待相驗的地方了。

　　昭和 14 年(1939),由於下淡水溪人道橋建成通車,使高屏之間貨物運送往來轉為依靠汽車載貨,免除中間不同車種接駁、多次雇用人力上下貨物的成本和風險,貨物也可以一次直接送到客戶指定的地方,既省錢又方便。時移勢易,此時不只依靠鐵路運送的行業和工作遭到打擊,連官方鐵路的收入也受到極大的影響。九曲堂大驛頭的站房,一方面為了因應公路客貨運停靠的新情勢,另一方面為了改善站前土地狹小,難以堆置鐵路運輸上占優勢大量且大型貨件的情況,終於在兩年後,即昭和 16 年(1941),也不得不從最初的位置,遷移到鐵道

的東側，並建了木造的天橋，方便臺糖旗尾線和久堂諸村落的乘車方便。（圖 2-3-6）

隨著民國 67 年（1978）中山高速公路全線通車以後，火車托運業務變得更加稀少，這使得位在久堂原車站位置的臺鐵大型倉庫，由於進出貨物量減少極多，成了流浪漢與精神病患的夜宿之地。筆者清楚記得倉庫火災那一夜，漆柏油的木造倉庫在大火中噼里啪啦炸響，摻雜著嗆人的濃濃油煙，混同著一名蓬頭垢面的女人在火光之外瘋癲的哭叫聲，她的哭叫聲，像是為日漸衰微的鐵路運送業

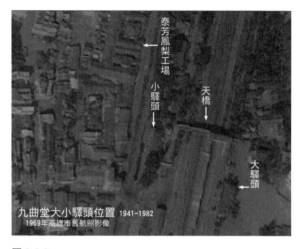

圖 2-3-6
九曲堂大小驛頭位置。
底圖來源：高雄市舊航照影像（1969），中央研究院人社中心圖資。

圖 2-3-7
民國 79 年（1990）之後的九曲堂大驛頭，筆者攝於 20190527。

務送終。這場火災，也未卜先知的為日後的大驛頭清理出預留地。直到民國 71 年（1982）九曲堂小驛頭與旗尾線鐵路拆除，臺鐵在久堂空出了更大一片土地。到了民國 79 年（1990），高雄至屏東鐵路雙軌化，

再加上久堂里民的大力爭取，九曲堂大驛頭又重新遷回了它在久堂最初的位置。（圖 2-3-7）

第四節　醮伯公廟與飯田豐二紀念碑

醮伯公，當初就是久堂古街唯一的主神，筆者記得小時候，每逢中秋，除了外省眷村，整條街的住戶都提著月餅來廟祭拜。

根據筆者堂兄梁華璞、大哥梁明長，以及鄰居林友生（其父原在此街開設裁縫店）等三人所聽聞於長輩以及親身的記憶，綜合他們的說法：久堂這一間醮伯公廟，日治時代原來是一個立卵形狀的石頭公，被嵌入在一個長方形的矮台基座上，石頭黑灰色，好像一般常見的溪石，高度大約一尺多一點，當時上方並無遮棚，只是露天拜祭。在阿猴鐵道建造時，這裡放了許多工料，也是工人午休的地方；又因為鐵橋施工困難，死了不少人，殉職者都暫時放在此地，所以石頭公，也成為施工人員祈求平安的對象。直到日治結束後，才搭一座草寮，又幾年後，才又建了磚仔厝，為石頭公遮擋風雨。

當初石頭公，被稱為「石伯仔」，又稱「祖伯仔」，現在則通稱「醮伯仔」或「醮伯公」。「石」或「醮」是台語音 tsio 的變調，但「祖」則是近似音，而且有著原住民祖靈的意涵。據筆者大哥記憶，約 1960 年代左右，石頭公已被圍上紅巾，石頭表面也被刻上「醮伯」，還有其他已無法記憶的紅色文字。這些，似乎為民國 54 年（1965）前後，醮伯仔換成石碑牌位，再變到現在的塑像模樣，做了預先佈局。

石頭公本是露天裸石，為原住民的自然物崇拜對象，但是，醮伯公在時代巨輪轉動之下，也另有著唐山客在九曲堂和美濃之間趕豬的漢化傳說。又或許，是前述鐵路殉職者暫時停屍處所的緣分，所以，飯田豐二的朋友才想到在這樣值得紀念的地方，為他立碑永誌，將飯

田豐二紀念碑立在石頭公北側。

　　飯田豐二，為日本靜岡縣人，父弘，母吉田氏，弱冠負笈於東京工手學校修習土木學。明治 30 年（1897）為臺灣總督府雇員，因工程積勞成疾，結果在大正 2 年（1913）6 月 10 日病逝於臺南醫院。其事蹟，依據立於飯田豐二紀念碑下之舊碑文（圖 2-4-1）與新碑文（圖 2-4-2），筆者考證以日治臺灣檔案或可據時間之推判，而修訂或增補飯田豐二先生之在臺事蹟及其詳實時間以及紀念碑設置，列成簡表如表 2-1：

表 2-1　飯田豐二及紀念碑在臺灣紀年簡表

日期	年代	記事	資料來源
1897	明治 30	受雇於阿里山鐵道工程	舊碑文
18980305	明治 31	受雇於縱貫鐵路踏查，任技術員	詳如（圖 2-4-3）
18990512	明治 32	受雇於鐵路敷設部擔任技手	詳如（圖 2-4-4）
19101022	明治 43	任鐵道部技師品俸六等正七位	舊碑文
1911	明治 44	督造淡水溪鐵橋及出任九曲堂派出所主任	舊碑文
191210	大正 1	昇敍七級俸	詳如（圖 2-4-5）
191304	大正 2	昇敍六等	詳如（圖 2-4-6）
19130608	大正 2	病重將逝前敍六級俸（舊碑文：卒後追加）	詳如（圖 2-4-7）
19130610	大正 2	亡故，年 40	舊碑文
19130930｜19131120	大正 2	埋遺墨為靈並立紀念碑（阿緱鐵路通車前）	舊碑文＋本表下方推定日期
199704	民國 86	內政部將紀念碑定為二級古蹟	新碑文

　　從簡表中，吾人可以看到對於飯田豐二的六級俸，到底是如總督府府報在病重將逝前 6 月 8 日所昇敍？還是如舊碑文所述 6 月 10 日卒後追加？也許因為府報在 6 月 12 日刊載，立碑人小山三郎在記憶先後上因此有了錯覺，一切應該回歸到辭令（任免命令）日期之上，是故，飯田豐二被昇敍六級俸，是在病重將逝之前才對。

　　又因為舊碑文並無立碑日期，但是，立碑人小山三郎的碑文末尾書有自己「從七位」的品俸落款，而成為一個可以追查的線索。查閱總督府府報，可以發現小山三郎「從七位」的品俸，起自大正 2 年（1913）9 月 30 日（圖 2-4-8），而止於同年 11 月 21 日（圖 2-4-9）。這代表前述起止約為一個月半的時段，正是飯田豐二建碑完成的時候，也正是接近阿緱鐵路通車之前不久的時間。筆者推斷，很可能小山三郎趁著久堂大驛頭相關工程進行的時候，順勢應用人力，在前述時段完成了飯田豐二紀念碑的建立。

圖 2-4-1
飯田豐二紀念碑下之舊碑文，筆者攝於 20200309。

圖 2-4-2
飯田豐二紀念碑下之新碑文，筆者攝於 20200309。

圖 2-4-3
引用資訊：「飯田豐二外一名雇ヲ命ス」（1898 年 03 月 08 日），（明治三十一年乙種永久保存進退追加第二卷），《臺灣總督府檔案》，國史館臺灣文獻館，典藏號：00000337092。
圖片來源：國史館臺灣文獻館提供。

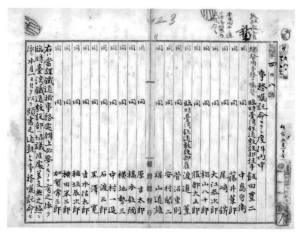

圖 2-4-4
引用資訊：「臨時台灣鐵道敷設部技手飯田豐二外雇等二十人府事務ヲ囑託ス」（1899 年 05 月 01 日），（明治三十二年永久保存進退追加第七卷），《臺灣總督府檔案》，國史館臺灣文獻館，典藏號：00000457001。
圖片來源：國史館臺灣文獻館提供。

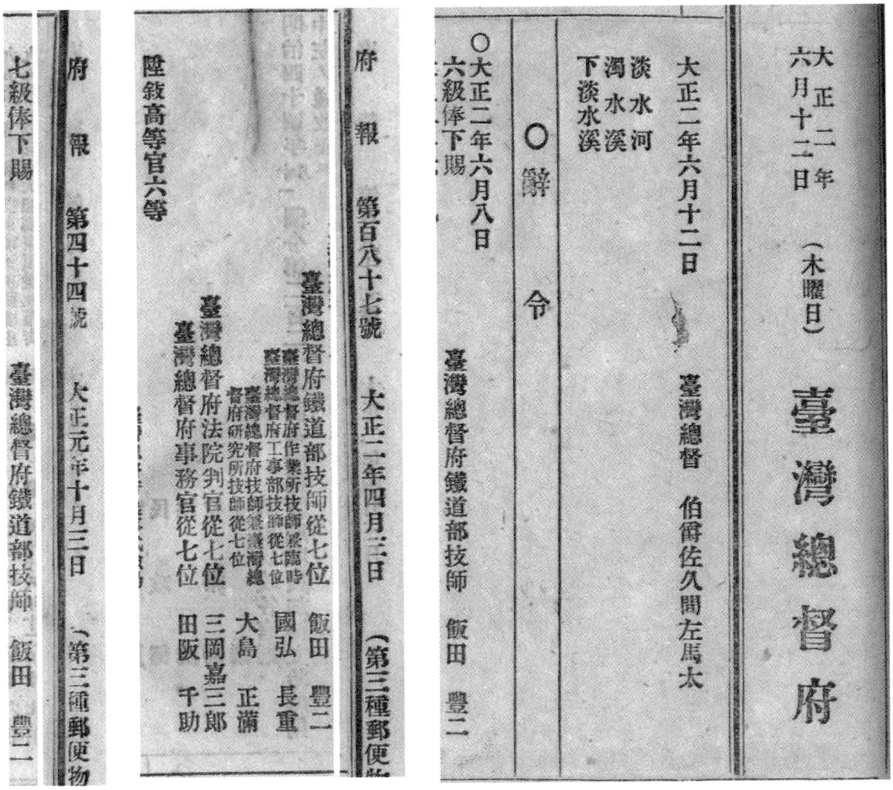

七級俸下賜

府報　第四十四號　大正元年十月三日

臺灣總督府鐵道部技師　飯田　豐二

陸敍高等官六等

臺灣總督府鐵道部技師從七位　飯田　豐二
臺灣總督府作業所技師兼臨時臺灣總督府工事部技師從七位　國弘　長重
臺灣總督府技師從七位　大島　正滿
臺灣總督府研究所技師從七位　三岡嘉三郎
臺灣總督府法院判官從七位　田阪　千助
臺灣總督府事務官從七位

府報　第百八十七號　大正二年四月三日

六級俸下賜

〇辭令

大正二年六月八日　臺灣總督府鐵道部技師　飯田　豐二

淡水河
淡水溪
下淡水溪

大正二年六月十二日　臺灣總督　伯爵佐久間左馬太

大正二年六月十二日（木曜日）臺灣總督府

圖 2-4-5（左）
引用資訊：「十川嘉太郎外四十三名」（1912 年 10 月 03 日），（臺灣總督府府報第號），《臺灣總督府府（官）報》，國史館臺灣文獻館，典藏號：0071020044a003。
圖片來源：國史館臺灣文獻館提供。

圖 2-4-6（中）
引用資訊：「澤田總五郎外四十名（內閣）」（1913 年 04 月 03 日），（臺灣總督府府報第號），《臺灣總督府府（官）報》，國史館臺灣文獻館，典藏號：0071020187a002。
圖片來源：國史館臺灣文獻館提供。

圖 2-4-7（右）
引用資訊：「飯田豐二」（1913 年 06 月 12 日），（臺灣總督府府報第號），《臺灣總督府府（官）報》，國史館臺灣文獻館，典藏號：0071020242a004。
圖片來源：國史館臺灣文獻館提供。

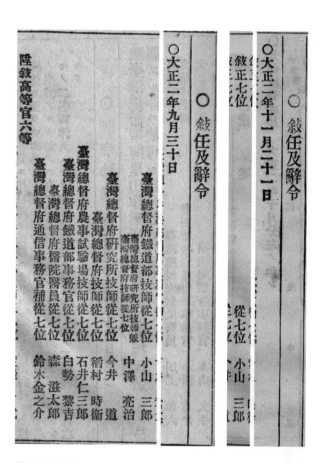

圖 2-4-8（左）
引用資訊：「石井為吉外三十六名」（1913 年 10 月 02 日），（臺灣總督府府報第號），《臺灣總督府府（官）報》，國史館臺灣文獻館，典藏號：0071020327a002。
圖片來源：國史館臺灣文獻館提供。

圖 2-4-9（右）
引用資訊：「石井為吉外三十六名（宮內省）」（1913 年 11 月 30 日），（臺灣總督府府報第號），《臺灣總督府府（官）報》，國史館臺灣文獻館，典藏號：0071020327a002。
圖片來源：國史館臺灣文獻館提供。

第三章

日治時代圍繞著
九曲堂驛頭的建設

第三章
日治時代圍繞著九曲堂驛頭的建設

第一節　取入口到水源地與打狗阿緱兩水道

　　隨著一條官鐵和兩條糖鐵在九曲堂設驛之後，日本政府為了建設高雄港都，也注意到了自古水資源豐沛的九曲堂庄。進而於明治 43 年（1910），開始在淡水溪岸的竹仔寮徵收土地（圖 3-1-1），徵收土地的範圍包含了當時的九曲堂與小坪頂兩庄（圖 3-1-2），這期間竹仔寮的主神福德爺，因廟祠位於九曲堂取入口用地位置而遷移（圖 3-1-3）。由圖 3-1-3 的文件可知，這處位於竹仔寮的取入口，因為當時行政區域屬九曲堂庄的關係，被稱為「九曲堂取入口」。同年 12 月 20 日，事務所、官宿舍、浴便所、倉庫等以很快的速度，可說和徵收土地同時，

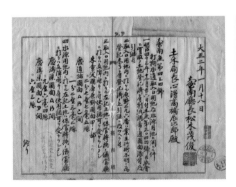

圖 3-1-1
引用資訊：「打狗水源地買收土地及官有地受領ノ件（臺南廳）」（1913 年 02 月 01 日），（大正二年十五年保存第五十二卷），《臺灣總督府檔案》，國史館臺灣文獻館，典藏號：00005644008。
圖片來源：國史館臺灣文獻館提供。

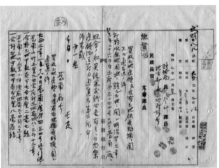

圖 3-1-2
引用資訊：「打狗水源地買收土地及官有地受領ノ件（臺南廳）」（1913 年 02 月 01 日），（大正二年十五年保存第五十二卷），《臺灣總督府檔案》，國史館臺灣文獻館，典藏號：00005644008。
圖片來源：國史館臺灣文獻館提供。

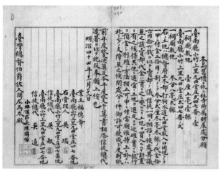

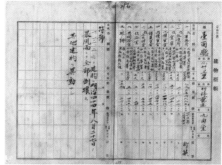

圖 3-1-3
引用資訊：「吳瑞外二名福德爺所屬財產處分許
可」（1912 年 04 月 15 日），（大正元年永久
保存第二十七卷），《臺灣總督府檔案》，國史
館臺灣文獻館，典藏號：00001937020。
圖片來源：國史館臺灣文獻館提供。

圖 3-1-4
引用資訊：「官有建物異動ニ付臺帳及圖面訂正
ノ件」（1912-06-01），（大正元年臺灣總督府
公文類纂永久保存第一一二卷財務），《臺灣總
督府檔案．總督府公文類纂》，國史館臺灣文獻
館，典藏號：00002023031。
圖片來源：國史館臺灣文獻館提供。

俱已建置完成（圖 3-1-4）。

　　水道工事進行到明治 44 年（1911）3 月，為了後續重型機具安裝
與更多工料的入場施作，架設了輕便軌道，便於來往於九曲堂車站和
取入口之間[1]。也就是在九曲堂久堂石頭公（現在的醮伯公廟）旁邊的
材料放置場，架設一條提供打狗水道工事進行使用的鐵道。這代表著
於明治 44 年（1911）年初，九曲堂取入口已經開始了大型工事，所以
這時，必須重視重型機具與更多工料的運送。

　　明治 44 年（1911）8 月 27 日，南部遭受暴風雨侵襲，颱風也對整
個打狗水道的工事造成重大災害。經過一年多之後，大正元年（1912）
11 月公布小坪頂水源地，將於大正 2 年（1913）4 月 1 日開始利用打狗
水道向高雄供水（圖 3-1-5、圖 3-1-6）。經由筆者重製的地圖可以看到
打狗水道在小坪頂水源地周遭的部分詳情（圖 3-1-7）。這時不僅打狗

1　楊鴻嘉譯〈高雄自來水設施 -1917 年以前〉（本文譯自臺灣總督府 - 台灣水道誌），
　　《高市文獻》第十七卷第四期，頁 27。

水道，九曲堂取入口到小坪頂水源地之輸水管路和輕便鐵道也已經完成，開始以人力、獸力載運溪沙，以過濾自淡水溪取得的伏流溪水。這一條輕便鐵道，可以從「西元 1924 年日治五萬分之一地形圖」，看到它完整的線路（圖 3-1-8）。

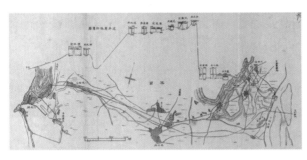

圖 3-1-5（左）
打狗水道鐵管線路平面及斷面圖，引用資訊：《臺灣水道誌圖譜》（打狗水道／鐵管線路平面縱斷及取入口平面圖），臺灣總督府民政部土木局大正 7 年（1918）11 月 19 日出版。
圖片來源：中央研究院臺灣史研究所檔案典藏。

圖 3-1-6（右）
引用資訊：「打狗水道給水ヲ四月一日ヨリ開始」（1912 年 11 月 29 日），（臺灣總督府府報第號），《臺灣總督府府（官）報》，國史館臺灣文獻館，典藏號：0071020088a011。
圖片來源：國史館臺灣文獻館提供。

圖 3-1-7
小坪頂水源地周遭的打狗水道使用現代路線地圖表示，筆者於 20200312 截圖製圖。
底圖來源：「都市計畫使用分區圖【URDB】」，中央研究院人社中心圖資。

圖 3-1-8
打狗水道用地 / 竹寮取水站到小坪頂水廠的輕便鐵道。
底圖來源:「西元 1924年日治五萬分之一地形圖」(陸地測量部),中央研究院人社中心圖資。

　　大正 5 年(1916)10 月,小坪頂水源地開始向屏東供水,這條阿緱水道的輸水管(圖 3-1-9),沿著原來的打狗水道取水管路埋設,在蓬萊山莊之西北角和打狗水道分開,直接連向淡水溪鐵橋,借橋向東架

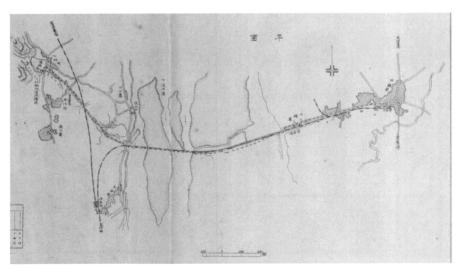

圖 3-1-9
阿緱水道水源地平面及鐵管線路平面圖。引用資訊:《臺灣水道誌圖譜》(阿緱水道 / 水源地平面及鐵管線路平面縱斷面圖)臺灣總督府民政部土木局大正 7 年(1918)11 月 19 日出版。
圖片來源:中央研究院臺灣史研究所檔案館典藏。

設（圖 3-1-10），進入屏東市區供水。現今，在淡水溪鐵橋西端，仍可見到水管殘跡的露頭（圖 3-1-11）。又經由筆者重製的地圖，可以看到阿緱水道在小坪頂水源地，連接到淡水溪鐵橋的詳情（圖 3-1-12）。直到昭和 13 年（1938），屏東獨立供水系統竣工，阿緱水道才停止運作。

圖 3-1-10
引用資訊：《臺灣水道誌》下淡水溪鐵橋鐵管架設（阿緱水道）[253]，臺灣總督府民政部土木局大正 7 年（1918）11 月 19 日出版。
圖片來源：中央研究院臺灣史研究所檔案館典藏。

圖 3-1-11
現今阿緱水道鐵管在下淡水溪鐵橋西端的露頭。筆者攝於 20201111。

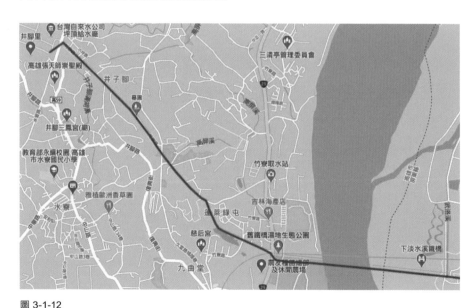

圖 3-1-12
阿緱水道在小坪頂水源地連到淡水溪鐵橋之現代路線地圖。筆者於 20200312 截圖製圖。
底圖來源：「都市計畫使用分區圖【URDB】」，中央研究院人社中心圖資。

　　大正 5 年（1916）年底向屏東供水之後，發現供水量吃緊，隔年又對九曲堂取入口追加工程。大正 6 年（1917），打狗水道九曲堂取入口為了再加裝兩台重型抽水幫浦（圖 3-1-13），工期到大正 7 年（1918）3 月，追加達到 6904 總在地人力數額（圖 3-1-14）；直到大正 8 年（1919）7 月 31 日，確定供水無虞，才廢除原來的作業所，設置了掌理水道庶務及工務的事務所（圖 3-1-15）；再於昭和 7 年（1932）3 月底高雄水道擴張工事峻工，可說日治時代九曲堂取入口工程才從此底定。

圖 3-1-13
引用資訊：「打狗水道九曲堂取入口設備追加工事用物品購入ノ件」（1917 年 01 月 01 日），（大正六年十五年保存追加第十二卷之一），《臺灣總督府檔案》，國史館臺灣文獻館，典藏號：00006493002。
圖片來源：國史館臺灣文獻館提供。

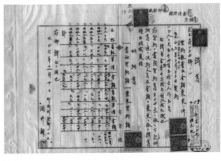

圖 3-1-14
引用資訊：「打狗水道九曲堂取入口設備追加工事用物品購入ノ件」（1917 年 01 月 01 日），（大正六年十五年保存追加第十二卷之一），《臺灣總督府檔案》，國史館臺灣文獻館，典藏號：00006493002。
圖片來源：國史館臺灣文獻館提供。

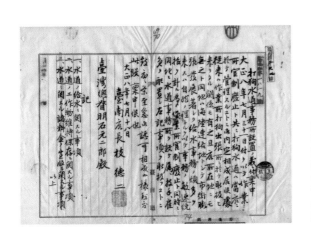

圖 3-1-15
引用資訊：「打狗水道事務所設置認可（臺南廳）」（1919 年 01 月 01 日），（大正八年十五年保存第三十五卷），《臺灣總督府檔案》，國史館臺灣文獻館，典藏號：00006706006。
圖片來源：國史館臺灣文獻館提供。

打狗水道在九曲堂取入口的工程，從明治43年（1910）徵收竹仔寮土地、向高屏供水，到增設兩台重型抽水幫浦，又再於昭和7年（1932）3月底高雄水道擴張工事竣工，歷經約二十二年。期間在應對供水人口增加，深入溪床鑿取集水井以應付淡水溪之冬旱，有著許多的建設。但是，受到臺灣夏潦暴雨之天候，取水建設易於破壞，其遺跡至今更已所存無幾，益發見得此工程歷時長久又為浩繁的艱難所在。（請參考本章第四節更多細節）

第二節　大樹鳳梨種苗養成所與其百年事務所

大樹地區盛產鳳梨，自古即非常著名，清末地方誌《鳳山縣采訪冊》描述古代鳳山縣：「自土地公崎以下，則皆產鳳梨之區」[2]，又說：「土地公崎山，在觀音里……脈由興化寮山出，高二里許，長六里許，紆迴盤曲，岡阜錯綜，聯絡一帶鳳梨山。」[3] 說出了當時高屏地區鳳梨最盛產的地方，就在土地公崎以南的大樹丘陵地。

在現代，這地區有山名鳳梨山，但是依《鳳山縣采訪冊》所述，當時並無法明指哪一山為鳳梨山，因為本地紆迴盤曲，岡阜錯綜，連綿而成一片鳳梨山地帶。康熙39年（1700）郁永河遊臺灣也提到：「黃梨……內地所無，過海即敗苦，不得入內地」[4]，說出臺灣在清代所出產的鳳梨，無法久儲運送，難以大量外銷的窘困局面。

這情況一直到日本入臺十年之後，才有了改變。歷經數次抗日波折，在臺灣漸趨安定之下，從明治42年（1909）6月16日臺灣總督府殖產局立案文件之中，吾人可以獲知自這時，日本人開始調查新加坡

2　盧德嘉《鳳山縣采訪冊》〈乙部 地輿（二）／諸山〉，頁24。
3　盧德嘉《鳳山縣采訪冊》〈乙部 地輿（二）／諸山〉，頁27。
4　郁永河《裨海紀遊》〈裨海紀遊／卷上〉，頁12。

等各國對於鳳梨罐頭的製造與需求（圖 3-2-1、圖 3-2-2）。其重視本地鳳梨，並引國外產業參考，殆為改變鳳梨難以久儲運送之命運，而為臺灣鳳梨罐頭加工之肇始。

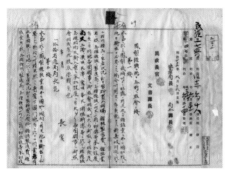 

圖 3-2-1
引用資訊：「新嘉坡其他外國二於ケル鳳梨罐詰二關スル調查ノ件」（1909-09-01），（明治四十二年臺灣總督府公文類纂十五年保存追加第三卷教育通信殖產），《臺灣總督府檔案‧總督府公文類纂》，國史館臺灣文獻館，典藏號00005252008。
圖片來源：國史館臺灣文獻館提供。

圖 3-2-2
引用資訊：「新嘉坡其他外國二於ケル鳳梨罐詰二關スル調查ノ件」（1909-09-01），（明治四十二年臺灣總督府公文類纂十五年保存追加第三卷教育通信殖產），《臺灣總督府檔案‧總督府公文類纂》，國史館臺灣文獻館，典藏號00005252008。
圖片來源：國史館臺灣文獻館提供。

　　明治 40 年（1907）至大正 2 年（1913），配合著淡水溪鐵橋通車營運，九曲堂大驛頭自庄內遷移到久堂。在此期間，明治 43 年（1910）藉由設立九曲堂、大樹腳、溪埔等沿線各小驛頭，旗尾線開始營業。這時，大小火車在久堂交會，致使九曲堂大小驛頭周遭，得天獨厚擁有官鐵與糖鐵兩條線路的便捷，自此形成有利於運輸發展的環境。因而在數年之後，不僅久堂逐漸繁榮興起，大正 9 年（1920）丸安（濱口）與丸德（德田）兩家鳳梨工場也相繼建立，大正 13 年（1924）年又接續新設九六（振益）鳳梨工場。

　　隨著九曲堂鳳梨製罐事業的蓬勃發展，為了改良鳳梨種苗，臺灣總督府於大正 14 年（1925）10 月 21 日頒布殖產局附屬鳳梨種苗養成

所規程（圖 3-2-3），並在第一條開宗明義訂定在小坪頂成立鳳梨種苗養成所。同年 11 月 2 日隨即派任小笠原金亮為所長，一個月後（圖 3-2-4）又於小坪頂買收事務所（圖 3-2-5），開始正式辦公。又從「西元 1924 年日治五萬分之一地形圖」，可以將和事務所重疊的位置標誌出來，知道大正 13 年（1924）的地形圖，小坪頂水源地前方，後來又

圖 3-2-3（左）
引用資訊：「臺灣總督府殖產局附屬鳳梨種苗養成所規程」（1925 年 10 月 21 日），（臺灣總督府府報第號）號外，《臺灣總督府（官）報》，國史館臺灣文獻館，典藏號：0071023640e001。
圖片來源：國史館臺灣文獻館提供。

圖 3-2-4（右）
引用資訊：「飯岡隆外六名」（1925 年 11 月 03 日），（臺灣總督府府報第號），《臺灣總督府（官）報》，國史館臺灣文獻館，典藏號：0071023650a002。
圖片來源：國史館臺灣文獻館提供。

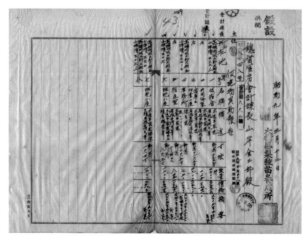

圖 3-2-5
引用資訊：「假建物異動報告（大樹鳳梨種苗養成所）」（1933 年 01 月 01 日），（昭和八年度假建物異動報告書類綴），《臺灣總督府檔案》，國史館臺灣文獻館，典藏號：00011330043。
圖片來源：國史館臺灣文獻館提供。

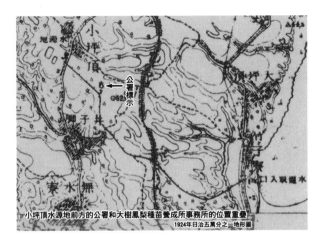

圖 3-2-6
小坪頂水源地前方的公署和
大樹鳳梨種苗研究所的位置
重疊圖。
底圖來源:「西元 1924 年日
治五萬分之一地形圖」(陸地
測量部),中央研究院人社中
心圖資。

被添加了官方公署的圖標(圖 3-2-6)。

　　臺灣製糖株式會社又於昭和 3 年(1928)10 月 4 日新設公館站,
獲得許可載客營業,這是一個專為鳳梨種苗養成所員工上下班方便而開
設的車站(請參閱本書第二章第一節)。又從「西元 1942 年日治二萬
五千分之一地形圖」,可清楚看見當時公館站已經出現和鳳梨種苗養成
所上下班道路的闢建(圖 3-2-7)。昭和 3 年(1928)公館站的開設,
不僅足以標誌鳳梨種苗養成所當時正處於興盛時期,也因為同年稍前之
6 月底,旗尾線各站獲得客車專用停車場的許可,開始客運,因而使得
九曲堂鳳梨罐頭加工事業,有了源源不絕的人力供應,而與鳳梨種苗養

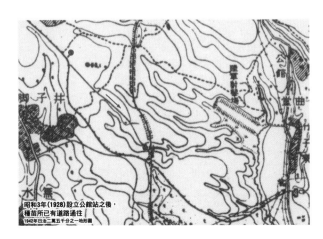

圖 3-2-7
昭和 3 年(1928)設立公館站
之後,種苗所已有道路通往。
底圖來源:「西元 1942 年日
治二萬五千分之一地形圖(昭
和修正版)」,中央研究院人
社中心圖資。

成所同時走上營運的最高峰。

　　昭和 5 年（1930）4 月 27 日，殖產局附屬鳳梨種苗養成所在小坪頂的辦公場地，改稱「大樹鳳梨種苗養成所」，落地正名（圖 3-2-8）。我們可以從昭和 8 年（1933）的大樹鳳梨種苗養成所建物配置圖（圖 3-2-9），看見養成所在大正 14 年（1925）到昭和 2 年（1927）建立的建物位置。雖然這些建物大都已經不在，筆者依比例縮放圖張，套疊現代地圖，可清楚呈現當時建物與現代道路之間的相關位置（圖 3-2-10）。

　　尤其是年代已滿百年以上的古蹟－事務所，現在還矗立在鳳梨園當中，巴洛克式的紅磚建築配上綠色的原野，另有一番曾經繁華的風情。它的位置，剛好疊合小坪頂人口述中的水磅站。又與「西元 1924 年日治五萬分之一地形圖」比對，此地點後來被加入官方公署圖標，筆者再從大正 7 年（1918）臺灣總督府民政部土木局出版的「阿

圖 3-2-8
引用資訊：「鳳梨種苗養成所ノ名稱及位置」（1930年 04 月 27 日），（臺灣總督府府報第號），《臺灣總督府府（官）報》，國史館臺灣文獻館，典藏號：0071030945a002。
圖片來源：國史館臺灣文獻館提供。

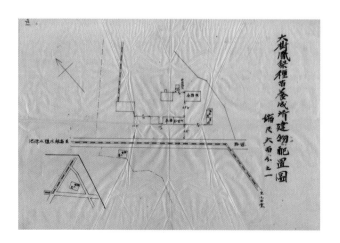

圖 3-2-9
引用資訊：「假建物異動報告（大樹鳳梨種苗養成所）」（1933 年 01 月01 日），（昭和八年度假建物異動報告書類綴），《臺灣總督府檔案》，國史館臺灣文獻館，典藏號：00011330043。
圖片來源：國史館臺灣文獻館提供。

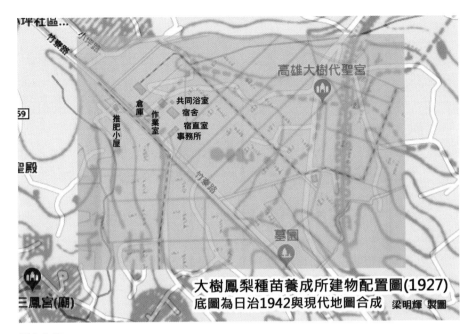

圖 3-2-10
大樹鳳梨種苗養成所建物配置圖。筆者於 20190516 截圖製圖。
頂圖來源：同圖 3-2-9。
底圖來源：
1.「西元 1942 年日治二萬五千分之一地形圖（昭和修正版）」，中央研究院人社中心圖資。
2.「都市計畫使用分區圖【URDB】」，中央研究院人社中心圖資。

緱水道／水源地平面及鐵管線路平面縱斷面圖」，看到它是小坪頂水源地南北向水道上的量水器室（圖 3-2-11）。也從同年出版的照片－打狗水道水源地事務室的左半邊，看到外形相同的建築物，更肯定它和阿緱水道屬同年代建造（圖 3-2-12）。由此來看，量水器室是大正5 年（1916）10 月與阿緱水道同時建成，但昭和 13 年（1938）屏東獨立供水系統方才竣工，所以不知為何它使用了約 9 年，即在大正 14 年（1925）12 月 2 日，就被殖產局附屬鳳梨種苗養成所向高雄市打狗水道買下，並在財產登錄中記下：「事務所……大正十四年十二月二日高雄市ヨリ買收」（圖 3-2-13）。對照建築平面圖（圖 3-2-14），並親到現場比對門窗與量測尺寸，可以肯定就是這一間（圖 3-2-15）。

九曲堂車頭風華煙塵

第三章　日治時代圍繞著九曲堂驛頭的建設

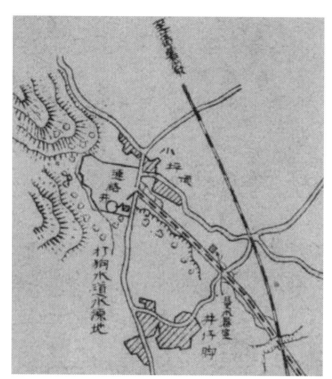

圖 3-2-11（上）
大正 7 年（1918）出版的圖片標示 - 量水器室。引用資訊：《臺灣水道誌圖譜》（阿緱水道／水源地平面及鐵管線路平面縱斷面圖），臺灣總督府民政部土木局於大正 7 年（1918）11 月 19 日出版。
圖片來源：中央研究院臺灣史研究所檔案館典藏。

圖 3-2-12（下）
大正 7 年（1918）出版的照片 - 打狗水道水源地事務室的左半邊，可看到與屬鳳梨種苗養成所事務所外形相似的建築物。引用資訊：臺灣研究古籍資料庫《臺灣水道誌》打狗水道 [232-251] 水源地事務室（打狗水道）[234]，發行：臺灣總督府民政部土木局，大正 7 年（1918）。
圖片來源：中央研究院臺灣史研究所檔案館典藏。

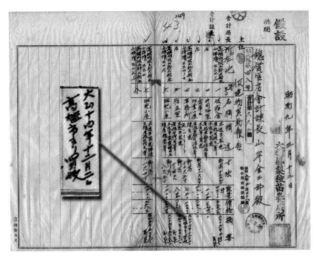

圖 3-2-13
向高雄市打狗水道買下的鳳
梨種苗養成所事務所。底圖
引用資訊：「假建物異動報
告 (大樹鳳梨種苗養成所)」
（1933 年 01 月 01 日），
（昭和八年度假建物異動報
告書類綴），《臺灣總督府
檔案》，國史館臺灣文獻館，
典藏號：00011330043。
圖片來源：國史館臺灣文獻
館提供。

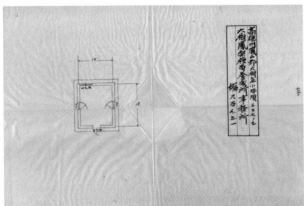

圖 3-2-14
引用資訊：「假建物異動報
告 (大樹鳳梨種苗養成所)」
（1933 年 01 月 01 日），
（昭和八年度假建物異動報
告書類綴），《臺灣總督府
檔案》，國史館臺灣文獻館，
典藏號：00011330043。
圖片來源：國史館臺灣文獻
館提供。

圖 3-2-15
巴洛克式的紅磚建築 – 事務所。筆者攝於 20190516，並予以三個視角合併成圖。

昭和10年（1935）臺灣鳳梨合同株式會社成立，鳳梨製罐事業開始衰退，也牽動拉下了大樹鳳梨種苗養成所的業務。大樹鳳梨種苗養成所從昭和15年（1940）開始出租不再被使用的農地（圖3-2-16）。這片閒置的出租農地，佔了大樹鳳梨種苗養成所絕大部分的土地（圖3-2-17）。這景況也預

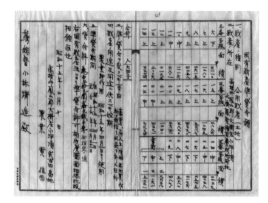

圖 3-2-16
引用資訊：「國有地準貸付ノ件（黃位）（大樹鳳梨種苗養成所）」（1940 年 01 月 01 日），（昭和十五年度國有財產準貸付關係書類編），《臺灣總督府檔案》，國史館臺灣文獻館，典藏號：00011319002。
圖片來源：國史館臺灣文獻館提供。

圖 3-2-17
引用資訊：「國有地準貸付ノ件（黃位）（大樹鳳梨種苗養成所）」（1940 年 01 月 01 日），（昭和十五年度國有財產準貸付關係書類編），《臺灣總督府檔案》，國史館臺灣文獻館，典藏號：00011319002。
圖片來源：國史館臺灣文獻館提供。

告了大樹鳳梨種苗養成所在日本戰敗離臺後，終而被併入鳳山鳳梨種苗養成所的命運。

第三節　人力獸力牽引推移的輕便鐵道

　　為了找尋「西元 1924 年日治五萬分之一地形圖」所繪製在九曲堂取入口到小坪頂水源地之間的輕便鐵路（請參閱本章第一節圖 3-1-8），筆者走訪附近，找到一位民國 36 年（1947）生，自幼在小坪頂長大，又曾在小坪頂水源地當過機電股股長的耆老王光明。經過他的口述，配合筆者搜集日人留下的資料，整個輕便鐵道的故事，才清晰了起來。

　　原來這一條線路，地底下埋藏輸水管路，以提供取入口抽送溪水到水源地，地面上則架設輕便鐵道，以人力或獸力驅動台車（圖 3-3-1），載運溪沙，以供應水源地過濾池過濾取入口送來的淡水溪伏流水。想當時，為了載運一車一車的溪沙，或前拖，或後推，在牛叫人吼的聲音中，為高雄的水質繁忙起來（圖 3-3-2）。

圖 3-3-1
臺灣研究古籍資料庫 - 山崎鋆一郎著《臺灣の風光》角板山に登る台車 [22]，發行：和歌山市，昭和 13 年（1938）。
圖片來源：中央研究院臺灣史研究所檔案館典藏。

圖 3-3-2
本圖位於打狗水道淨水地附近，照片左邊為輕便鐵道，可提供讀者小坪頂附近輕便鐵道想像。引用
資訊：臺灣研究古籍資料庫《臺灣水道誌》打狗水道 [232-251] 淨水池附近鐵管敷設（打狗水道）
[236]，發行：臺灣總督府民政部土木局，大正 7 年（1918）。
圖片來源：中央研究院臺灣史研究所檔案館典藏。

　　筆者也在總督府檔案查到一條輕便鐵道，為殖產局鳳梨種苗養成
所於昭和 2 年（1927）3 月 31 日竣工完成（圖 3-3-3），總長 0.61 英里，
當時造價 3532.68 圓（圖 3-3-4），其表列舖設軌道使用土地都屬九曲
堂地番（圖 3-3-5），還附了一張「殖產局鳳梨種苗養成所九曲堂輕便
軌道略圖」（以下簡稱「輕軌略圖」）（圖 3-3-6）。為了這一條輕便
鐵道，筆者曾經大傷腦筋，後來在耆老王光明的現場指引下，查到了
一條通往九曲堂的輕便鐵道。因為這一條輕便鐵道，採訪了許多耆老，
只有耆老王光明知道，為了小心求證，筆者又做了許多功課。

圖 3-3-3（左）
引用資訊：「委託工事引繼二關スル件（鳳梨種苗養成所輕便鐵道）（殖產局長；會計課長）」（1927 年 01 月 01 日），（昭和二年度官有財產書類編），《臺灣總督府檔案》，國史館臺灣文獻館，典藏號：0011274021。
圖片來源：國史館臺灣文獻館提供。

圖 3-3-4（右）
引用資訊：「委託工事引繼二關スル件（鳳梨種苗養成所輕便鐵道）（殖產局長；會計課長）」（1927 年 01 月 01 日），（昭和二年度官有財產書類編），《臺灣總督府檔案》，國史館臺灣文獻館，典藏號：0011274021。
圖片來源：國史館臺灣文獻館提供。

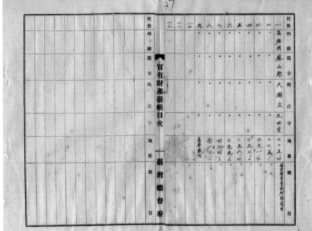

圖 3-3-5
引用資訊：「鳳梨種苗養成所軌道用地」（自大正十年度至昭和五年度官有財產臺帳），《臺灣總督府檔案》，國史館臺灣文獻館，典藏號：0011225003。
圖片來源：國史館臺灣文獻館提供。

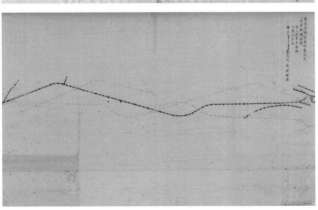

圖 3-3-6
引用資訊：「殖產局附屬鳳梨種苗養成所用地」（自大正十年度至昭和五年度官有財產臺帳），《臺灣總督府檔案》，國史館臺灣文獻館，典藏號：0011225002。
圖片來源：國史館臺灣文獻館提供。

於是，筆者對於由此採訪得到的路線，測量了它的里程數（圖 3-3-7），又因為所查得的這幅圖名自題為「略圖」，而認為它只是簡略的手繪，只好姑且比較「輕軌略圖」與現代道路的各個彎曲度（圖 3-3-8），結果極為相似。最後，筆者不再認為「輕軌略圖」只是隨意的手繪，應是照著地圖比例而製作，所以縮放比例給予套圖（圖 3-3-9），發現與後來的道路有極高度的吻合，尤其是在埤池的前面一小段也疊用了阿緱水道的一部分。

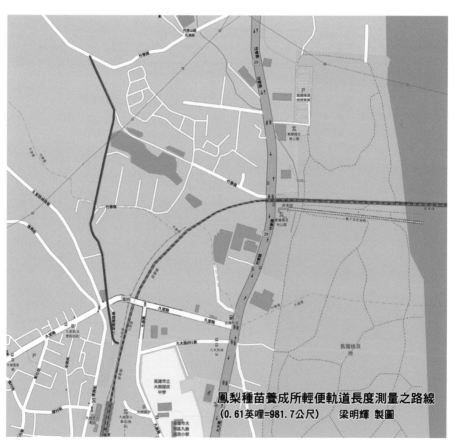

圖 3-3-7
鳳梨種苗養成所輕便軌道長度測量圖。筆者於 20190517 截圖製圖。
底圖來源：「標準地圖【OSM】」，中央研究院人社中心圖資。

065

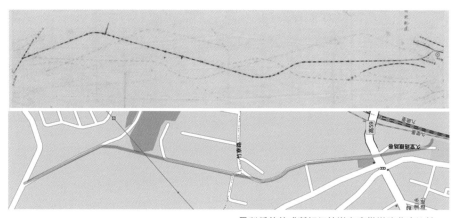

鳳梨種苗養成所輕便軌道與實勘道路曲度比較
梁明輝 製圖

圖 3-3-8
鳳梨種苗養成所輕便軌道與實勘道路曲度比較。筆者於 20190517 截圖製圖。
頂圖來源：同圖 3-3-6。
底圖來源：「都市計畫使用分區圖【URDB】」，中央研究院人社中心圖資。

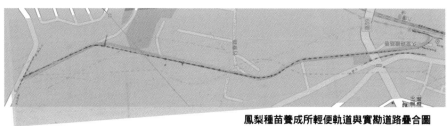

鳳梨種苗養成所輕便軌道與實勘道路疊合圖
梁明輝 製圖

圖 3-3-9
鳳梨種苗養成所輕便軌道與實勘道路疊合圖。筆者於 20190517 截圖製圖。本圖右端為飯田豐二紀念碑，在大小驛頭之間，造成昭和 2 年（1927）之後三十多年之間，輕鐵、官鐵、糖鐵三鐵共構的景況。
頂圖來源：同圖 3-3-6。
底圖來源：「都市計畫使用分區圖【URDB】」，中央研究院人社中心圖資。

著老王光明回憶，在讀初中時，大約民國 49 年（1960），輕便鐵道尚載運著溪沙，何時拆掉已毫無記憶。如果打狗水道輕便鐵道主要是用來載運溪沙，以人和牛為動力源，那麼，種苗養成所輕便鐵道主要就是用來進出肥料和種苗，當中財產列帳有兩間肥料小屋（請參考本章第二節，圖 3-2-5）。又種苗養成所輕便鐵道所以連接到九曲堂的飯田豐二紀念碑旁，定是為了就近火車站，利用官鐵大鐵枝仔路和糖鐵小鐵枝仔路，進出其肥料和種苗。這件在九曲堂的建設，意外造成了昭和 2 年（1927）之後三十多年之間，輕鐵、官鐵、糖鐵在久堂三鐵共構的景況。遙想當時輕軌之上，工人站立在台車，雙手持一篙撐行，如哪吒手持金槍，背棄傳統的束縛，乘風而馳於打狗與養成所兩線輕便鐵道之間。這山景，與溪中的排渡正相映成趣，在歷史中互為形影，終於半世紀後，逐漸退下人間舞台。

第四節　取入口再探討與發掘

站在日治時代九曲堂取入口的觀點來看：一在天候上來說，位處太平洋邊緣的臺灣，隨著熱帶氣旋的行徑，不斷遭逢颱風侵襲；二在地理上來說，因為淡水溪流道與水位的改變，致使九曲堂取入口東面水位下降或溪埔地增廣，增加取水困難；三在高屏街市發展來說，日治時代高屏街市、港都的建設與人口不斷增加；致使當時九曲堂取入口之建設，有必要隨著天候、地理與街市的發展而調整肆應。是以日治時代，自大正 2 年（1913）年 4 月向高雄供水一直到昭和 7 年（1932）1932 年，九曲堂取入口就不斷有所增修新建。依時間大概可分成三個項次：

一、取入口建築外觀的改變

　　以分別刊載於大正7年（1918）《臺灣水道誌》和大正12年（1923）《高雄州寫真帖》的兩張相片來看，取入口自開放形式（圖3-4-1）到封閉形式，在建築外觀就有極大的不同。再進一步參閱大正7年出版的《臺灣水道誌圖譜》，其中的取入口構造與唧筒室圖（圖3-4-2），也因為取入口與唧筒室一同設計製圖，所以原圖應於明治44年（1911）至大正元年（1912）完成設計。可是為什麼大正7年之前的取入口相片和取入口構造圖（圖3-4-3）會不同呢？從《臺灣水道誌》〈打狗水道〉中敘述，其六節之中有五節篇幅皆用在記載大正2年（1913）之前的工事與設計沿革，可以得知大正2年的取入口一定為開放形式。但是如同前述，為什麼它和取入口構造圖不同呢？就筆者自身未退休在職之時具有製圖員的身分所知，在製圖完成之後，有時會為了因應實際需求變動而將原圖部分圖面擦除，藉以改良設計。所以，取入口構造圖在大正2-7年（1913-1918）期間必然發生了改良設計的變動，即大正12年（1923）年《高雄州寫真帖》封閉形式的取入口之相片，當然也是《臺灣水道誌圖譜》於大正7年（1918）10月初版時的取入口構造圖，它事實上是大正2年4月-大正7年10月之間改良後的樣貌。

圖 3-4-1
取入口建築樣式，引用資訊：《臺灣水道誌》大正7年（1918）。
圖片來源：中央研究院臺灣史研究所檔案館典藏。

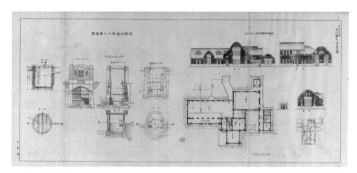

圖 3-4-2
取入口構造與唧筒室圖，《臺灣水道誌圖譜》〈打狗水道〉，大正 7 年
（1918）。
圖片來源：中央研究院臺灣史研究所檔案館典藏。

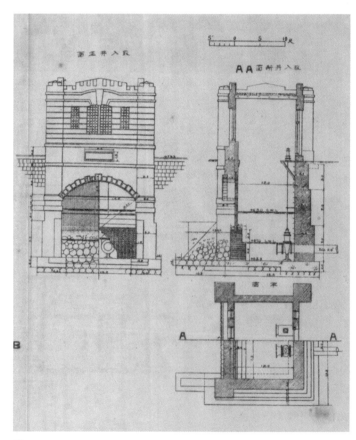

圖 3-4-3
取入口構造圖，《臺灣水道誌圖譜》〈打狗水道〉，大正 7 年（1918）。
圖片來源：中央研究院臺灣史研究所檔案館典藏。

可是，這樣的改變到底在何時？原因為何？自從九曲堂取入口於明治43年（1910）起始建設到年之間，此地區的災害，可從颱風歷史資料看到明治43年（1911）、大正3年（1914）和大正6年（1917）臺灣南部遭逢強大颱風侵襲，尤以明治44年8月和大正6年7月房屋全倒數以千計，最為嚴重。強颱侵襲不只會挾帶斷枝殘葉，並致溪水暴漲、滾石浮木上岸，同時也會影響當時位在溪岸開放形式的取入口，不僅水質變化，也影響唧筒運轉，更嚴重的是雜物進入與堵塞問題。為了因應這樣天候劇烈變動，在大正2年向高雄供水之後到大正7年之間，取入口也定然會從原本的開放形式，改變成為封閉形式的設計。

二、疑似取入設備追加工事的地底坑道

九曲堂取入口於大正5年（1916）年底向屏東供水之後，發現供水量吃緊，大正6年（1917），打狗水道九曲堂取入口再加裝兩台重型抽水幫浦，工期到大正7年3月，追加達到6,904總在地人力數額。姑不論它後來被使用了多久的時間，最讓人想知道的是這工程中設有的明渠與地下坑道，是否還都存在？

參考「取入設備追加工事設計圖」（圖3-4-4）：

明渠：斷面呈上寬下窄的倒梯形，上寬4尺，下寬2尺，高度2.5尺。

坑道：初始為開放型式，依比例最上方開口寬度有28尺，東向開口長度有32尺，開口長度約近10公尺，可能以卵石堆疊水泥漿砌為工法。坑道埋入地下部分，作方形管型封閉，水泥管壁厚1.1尺，內孔寬度7尺，高度9尺。此地下坑道向地底傾斜約18度半，向下傾斜長度107.3尺，於最低處再平出13尺。可以計量出來，加入開口長度的坑道總長約有37公尺，若不加入開口長度，純粹埋入地底的坑道也有27公尺。

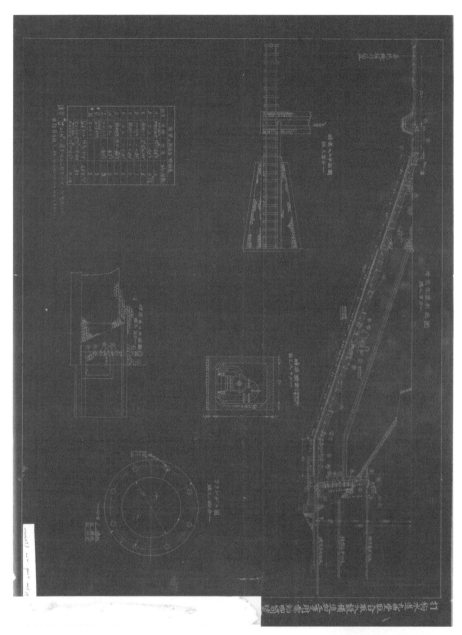

圖 3-4-4
大正 6 年（1917）取入口取入設備追加工事設計圖。引用資訊：「打狗水道九曲堂取入口設備追加
工事用物品購入ノ件」（1917 年 01 月 01 日），〈大正六年至十五年保存追加第十二卷之一〉，《臺
灣總督府檔案》，國史館臺灣文獻館，典藏號：00006493002。
圖片來源：國史館臺灣文獻館提供。

由筆者自製（取入口取入設備追加工事和現代地圖疊合套圖）來看（圖 3-4-5），明渠總長約有 100 公尺。前半段大約沿著已經重建的現有渠道而行，後半段則沿著清水池與沉沙池的中線而行，及至池邊再向前延伸 5 公尺。又參考「取入設備追加工事設計圖」，從此向東

圖 3-4-5
大正 6 年（1917）取入口取入設備追加工事和現代地圖疊合套圖。筆者於 20201223 製圖。
頂圖來源：《臺灣水道誌圖譜》〈打狗水道／打狗水道九曲堂取入口取入設備追加工事圖〉，中央研究院臺灣史研究所檔案館典藏。
底圖來源：「臺灣通用正射影像【NLSC】」，中央研究院人社中心圖資。

12尺，約為3.5公尺，即為坑道入口位置，從本處向東之坑道，水平長度約有35公尺。

筆者在現場勘查發現，自坑道入口位置向東18.5公尺處，有一處卵石堆疊的垂直圓坑（圖3-4-6），底部雖已經被沙土填埋。這裡，據說是二戰當時，取入口人員遁入地下，躲避空襲之處。依筆者看法，坑道雖埋入地下，但水泥壁厚1.1尺，不容易損壞，這底下如果發掘，一定能使百年地底坑道，重見天日。

圖 3-4-6
卵石堆疊的垂直圓坑。筆者自攝。

三、水道擴張的唧筒井與麻竹園取水引道

高雄水道（原打狗水道）經過前述追加改進，雖然給水能力可達30萬立方尺，但對應於給水區域內的工場、船舶與過去六年統計人口年增百分之五，驟增到當時4萬4千多的人口，用水最大消費量36萬立方尺來說，高雄水道給水能力已遠遠不足。又如果，遇到原來的單線送水管破裂而斷水，對於給水區域的生活和作業之威脅可想而知

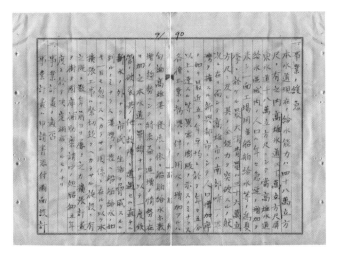

圖 3-4-7
引用資訊：「高雄市水道擴張費借入金許可申請二付副申」（1930-07-01），〈昭和六年國庫補助永久保存第七卷地方〉，《臺灣總督府檔案・國庫補助永久保存書類》，國史館臺灣文獻館，典藏號：00010568002。
圖片來源：國史館臺灣文獻館提供。

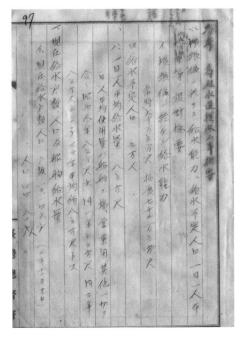

圖 3-4-8
引用資訊：「高雄市水道擴張費借入金許可申請二付副申」（1930-07-01），〈昭和六年國庫補助永久保存第七卷地方〉，《臺灣總督府檔案・國庫補助永久保存書類》，國史館臺灣文獻館，典藏號：00010568002。
圖片來源：國史館臺灣文獻館提供。

（圖 3-4-7）。所以，在昭和 5 年（1930）7 月時，決定擴張高雄水道給水能力，規劃提高到平常 60 萬立方尺，最大極度 72 萬立方尺，預定其額度足供給予二十年以內 9 萬人口使用（圖 3-4-8）。

本次高雄水道擴張工事，規模極大，訂於昭和 7 年（1932）3 月底峻工。不僅將水道送水管從單線再增加一線（圖 3-4-9），輸送電力線路也考量在內。把原設竹仔門、六龜土壠灣發電所，經過嶺口，而到達竹仔寮九曲堂取入口的一回供電線路，再增加配設第二供

圖 3-4-9（左）
引用資訊：「高雄市水道擴張費借入金許可申請二付副申」（1930-07-01），〈昭和六年國庫補助永久保存第七卷地方〉，《臺灣總督府檔案‧國庫補助永久保存書類》，國史館臺灣文獻館，典藏號：00010568002。
圖片來源：國史館臺灣文獻館提供。

圖 3-4-10（右）
引用資訊：「高雄市水道擴張費借入金許可申請二付副申」（1930-07-01），〈昭和六年國庫補助永久保存第七卷地方〉，《臺灣總督府檔案‧國庫補助永久保存書類》，國史館臺灣文獻館，典藏號：00010568002。
圖片來源：國史館臺灣文獻館提供。

電線路，新設從高雄三塊厝西側的高雄火力發電廠，向東到竹仔寮九曲堂取入口。以確保在一條線路斷電時，仍可切換到另一條線路，加以保險供電（圖 3-4-10）。

　　為了應付更多的供水量，九曲堂取入口的工事擴張，勢必跟著增建加大，其在於取水量增建上，舉舉大者有二：

1.新設集水井及唧筒井室

　　從「高雄水道擴工事集水井及唧筒井平面並縱斷圖」看到在取入口中央新設唧筒室與唧筒井各一間，從唧筒井向東串連三座集水井（圖 3-4-11），分段以 20 吋、18 吋、14 吋送水管接續，其總長 1,140 尺，以每秒 10 立方尺的水量，提供至新設唧筒井（圖 3-4-12）。

　　這項歷經大約九十年的建設，到底有無留下其歷史痕跡？經筆者帶隊現場勘查，發現河床內的集水井當然早已不見。至於，岸邊的唧筒室

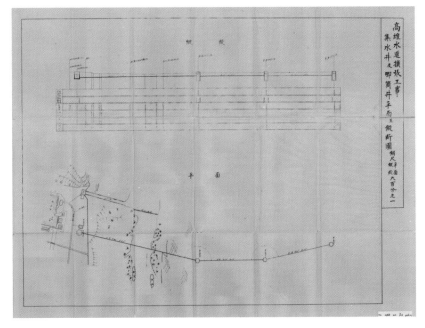

圖 3-4-11
引用資訊：「高雄市水道擴張費借入金許可申請二付副申」（1930-07-01），〈昭和六年
國庫補助永久保存第七卷地方〉，《臺灣總督府檔案‧國庫補助永久保存書類》，國史館
臺灣文獻館，典藏號：00010568002。
圖片來源：國史館臺灣文獻館提供。

圖 3-4-12
引用資訊：「高雄市水道擴張費借入金許可申
請二付副申」（1930-07-01），〈昭和六年國
庫補助永久保存第七卷地方〉，《臺灣總督府
檔案‧國庫補助永久保存書類》，國史館臺灣
文獻館，典藏號：00010568002。
圖片來源：國史館臺灣文獻館提供。

與唧筒井依據「高雄州高雄水道擴張工事唧筒井設計詳細圖」（圖3-4-13）及自製套疊圖（圖3-4-14）丈量尺寸，結果是唧筒室已遭改建，唧筒井則遭到大水後的沙土掩埋，現今還能看到上方完好無缺的井緣露頭（圖3-4-15）。

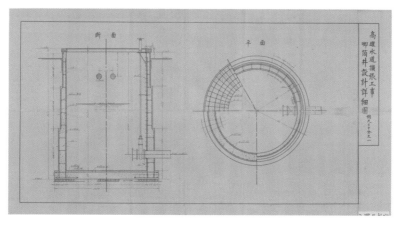

圖 3-4-13
引用資訊：「高雄市水道擴張費借入金許可申請二付副申」（1930-07-01），〈昭和六年國庫補助永久保存第七卷地方〉，《臺灣總督府檔案・國庫補助永久保存書類》，國史館臺灣文獻館，典藏號：00010568002。
圖片來源：國史館臺灣文獻館提供。

圖 3-4-14
昭和 5 年（1930）高雄水道擴張工事新設集水井及唧筒井室疊合圖。筆者於 20201130 製圖。
頂圖來源：同圖 3-4-11。
底圖來源：「臺灣通用正射影像【NLSC】」，中央研究院人社中心圖資。

圖 3-4-15
昭和 5 年（1930）高雄水道擴張工事建設之唧筒井。筆者攝於 20201206。

2.新設從麻竹園至竹仔寮的導水路

　　因為九曲堂取入口東面沙洲變大，溪流靠近六塊厝，致使取水越發困難，所以從上游嶺口開發取水量，已經變得勢在必行。這擴張工事遠自麻竹園設口，建造了取水槽，並又建設沙溜槽三段排沙，再向南開設含有開渠和暗渠的導水路，沿著溪埔、洲子、大庄、大樹而築。除了大庄在西側，路線大部分在村落東側接近溪岸。從海拔 87.98 尺到 61.21 尺，落差 26.77 尺，總長 4,960 間，即總長約 9 公里，以每秒 16 立方尺的水量，接通到九曲堂取入口外引水道（圖 3-4-16）、（圖 3-4-17）。

　　這條從麻竹園至竹仔寮的導水路，筆者走訪故鄉文史從未聽說，推測其不論開渠或暗渠都應該已被溪土埋沒。但是，參考「高雄水道

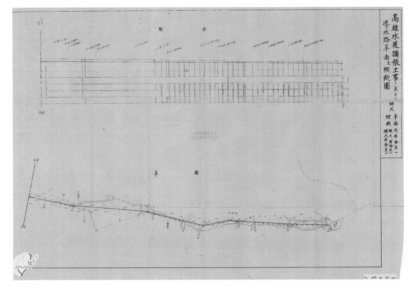

圖 3-4-16
引用資訊：「高雄市水道擴張費借入金許可申請二付副申」（1930-07-01），〈昭和六年國庫補助永久保存第七卷地方〉，《臺灣總督府檔案‧國庫補助永久保存書類》，國史館臺灣文獻館，典藏號：00010568002。
圖片來源：國史館臺灣文獻館提供。

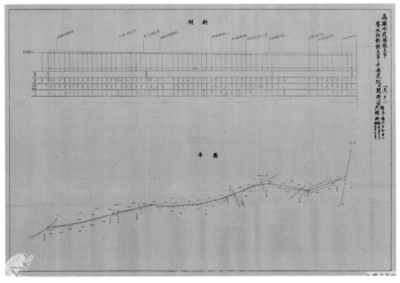

圖 3-4-17
引用資訊：「高雄市水道擴張費借入金許可申請二付副申」（1930-07-01），〈昭和六年國庫補助永久保存第七卷地方〉，《臺灣總督府檔案‧國庫補助永久保存書類》，國史館臺灣文獻館，典藏號：00010568002。
圖片來源：國史館臺灣文獻館提供。

擴張工事導水路開渠及暗渠設計圖」（圖 3-4-18）發現，在開渠兩邊繪有平行築堤，斜度 45 度，距地面高度 14 尺，兩堤相距約 60 公尺。以這樣的寬度與大約一層樓的高度來說，當時所築雙堤雖無水泥灌漿，遇大水沖擊較難保存，不知現在是否可能還有一些路段，留有當時建設的殘跡？

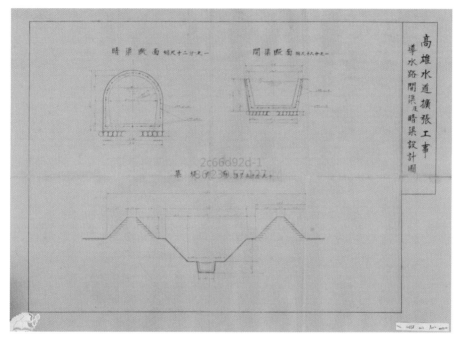

圖 3-4-18
引用資訊：「高雄市水道擴張費借入金許可申請二付副申」（1930-07-01），〈昭和六年國庫補助永久保存第七卷地方〉，《臺灣總督府檔案．國庫補助永久保存書類》，國史館臺灣文獻館，典藏號：00010568002。
圖片來源：國史館臺灣文獻館提供。

　　經筆者疊套地圖（圖 3-4-19），親到現場全線踏勘發現，所築平行雙堤，全遭洪水沖崩，堤底又遭溪沙堆積，堤與渠早已不復見存，但是，疑似在溪埔庄段僅餘有西側之內堤。據現場觀察，溪埔路 10 巷東旁之內堤均為石堤，目測約略符合設計圖 45 度斜角（圖 3-4-20）、

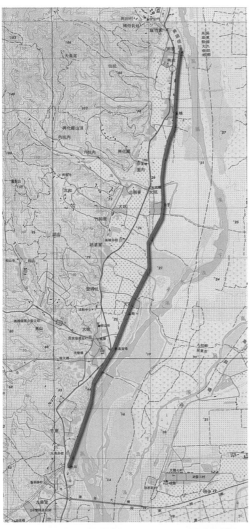

圖 3-4-19
昭和 5 年（1930）高雄水道擴張工事新
建導水路。筆者於 20201223 製圖。
底圖來源：「二萬五千分之一經建版地
形圖（第一版）」，中央研究院人社中
心圖資。

圖 3-4-20
溪埔路 10 巷東旁之石堤。筆者攝於
20201225。

（圖 3-4-21），因堤底遭溪沙埋沒，高度距地面都已不足 14 尺，唯北端溪埔路 14 巷內較陡（圖 3-4-22），似經過重建。此溪埔段石堤，與 1930 年導水路似乎重疊，但仍然有未能吻合的可疑之處。經筆者訪談鄰近住戶，都不知其用途與建造年代，僅有老人家說，此堤在孩童時代即有，依其人年齡計算建造至今至少七十年，即民國 39 年（1950）以前之造築。經查對歷年颱風資料，筆者發現昭和 15 年（1940）9 月 30 日曾有颱風橫掃臺灣南部，造成 107 人死亡 17,259 間房屋全倒。因此上述溪埔庄段導水路，在昭和 15 年颱風災害之後可能發生兩種情況：一為可能在全毀之後新建現今所見之石堤，又一可能為導水路仍留有半毀殘段，即用以重行修補再改造建堤，而成現今所見之石堤，以強固村落。

圖 3-4-21
溪埔路 10 巷東旁之石堤。筆者攝於 20201225。

圖 3-4-22
溪埔庄北端溪埔路 14 巷之石堤較陡，似乎經過重建。筆者攝於 20201225。

又，筆者再加以將各時代水利建設路線套圖，更展現出本導水路之所以選定麻竹園為取入口，實師承於道光初年所築之嶺口圳（圖 3-4-23）。本導水路，實為昭和 18 年（1943）8 月竣工之高雄海軍水道樣仔腳取入口取水之模仿範例，這一條海軍水道，又被大樹人稱為「水

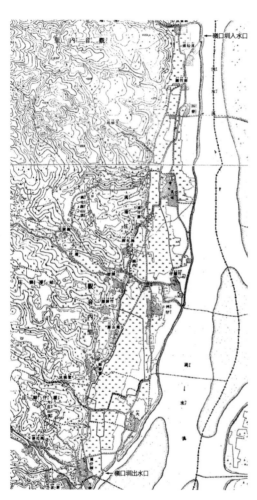

圖 3-4-23
道光初年所築之嶺口圳。
底圖來源：「西元 1898 年日治二萬分之一臺灣堡圖」
（明治版），中央研究院人社中心圖資。

圖 3-4-24
1943 年 8 月竣工之高雄海軍水道，又被大樹人稱為「水利溝」。
底圖來源：「西元 1942 年日治二萬五千分之一地形圖」（昭和修正版），中央研究院人社中心圖資。

利溝」（圖 3-4-24）。再參見筆者加以各時代水利建設路線套圖（圖 3-4-25），更能清楚三條水線，在一百二十多年之間，彼此於時空的重疊之下互動，如繩索交纏、彼此穿繞，在大樹的土地上編織出美麗的歷史花結。

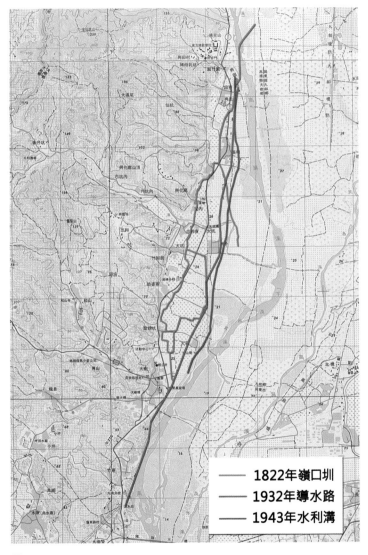

圖 3-4-25
三條水道在大樹時空的交纏。筆者於 20201223 製圖。
底圖來源：「二萬五千分之一經建版地形圖（第一版）」，中央研究院人社中心圖資。

第四章

從商業與家族
探訪久堂早期的繁華

第四章
從商業與家族探訪久堂早期的繁華

　　九曲堂，尤其是久堂，因大小火車站的建設，在接受新時代的洗禮下，不僅發展了人人熟知的鳳梨製罐產業，久堂新市街也因繁榮呈現出完全不一樣的新面貌。

　　翻閱「西元 1929 年大日本職業別明細圖」，久堂新市街的商業行為異常熱絡，對這樣一個小小的地方來說，洶湧澎湃的繁華，顯得極為奇特（圖 4-1-1）。本章在於記述幾個代表家族在大小驛頭區域的生活歷程，並希冀從這些歷程中，令人發省家族與時代脈絡的牽動。

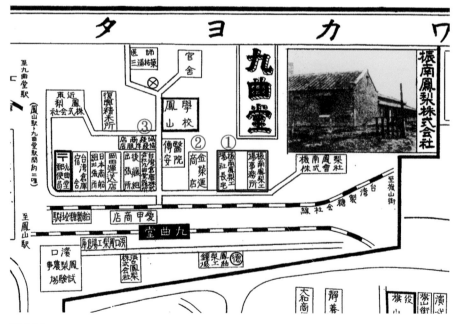

圖 4-1-1
「西元 1929 年大日本職業別明細圖」久堂新市街，為方便查閱，數字為筆者新標。
圖片來源：南天書局提供。

第一節　開創振南鳳梨株式會社的黃盛

黃盛，出生於明治 16 年（1883），逝世於民國 51 年（1962）（圖 4-1-2），家族原為九腳桶望族，二十六歲時，即在久堂擁有一筆明治 42 年（1909）登錄的土地（圖 4-1-3）。從在地人的口傳或地籍資料，都可說是最早到久堂開發的大戶。根據黃家這些土地登記資料，黃家在大正 8 年（1919）年初，即黃盛三十六歲之時，土地地目由畑變建，同時蓋了兩棟瓦房（同圖 4-1-3），即當時盛昌碾米廠與住家等房屋（圖 4-1-4）。

圖 4-1-2
振南鳳梨工場創立者 - 黃盛，黃慶隆提供，筆者翻攝於 20190531。

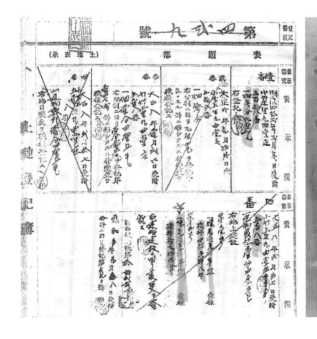

圖 4-1-3（左）
黃家明治 42 年（1909）登錄的土地資料，黃慶隆提供。

圖 4-1-4（右）
盛昌碾米廠木製招牌（滿百年古物，存於黃家），筆者攝於 20190531。

依黃盛之孫黃慶隆口述，久堂泰芳鳳梨工場用地，原本是黃家的土地，當時，到底是否黃盛租出或售讓土地給泰芳，實情已難追究。但是，「日治時代，統治者設法防止臺灣人的資本膨脹，所以股份公司的經營也規定日人佔五十一％以上，才准設立」[1]，筆者猜測黃家的該筆土地，設廠當時已成為泰芳鳳梨工場的一部分資本。

久堂泰芳鳳梨工場設立於大正 14 年（1925），黃盛四十二歲之時，此時正是黃盛在久堂建房立穩家業之後的第六年。又在大正 9 年（1920）至大正 15 年（1926）這段時期，即黃盛三十七歲到四十三歲之時，黃盛夥同家族買入久堂大筆土地（圖 4-1-5），適逢黃家設立振南鳳梨工場用地之時，加上黃家九腳桶祖業，給予了黃盛在當時非常可觀的事業實力。如果還原日治時代的土地景象，從現在的泰芳鳳梨工場遺址，一直北到久堂路，以此線再向西到菜市場前緣，昔日大概都是黃家土地。

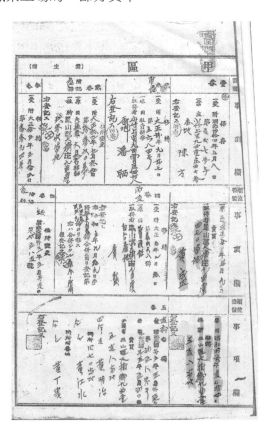

圖 4-1-5
大正 9 年（1920）至大正 15 年（1926），黃盛與家族買入久堂土地文件資料，黃慶隆提供。

1　林曙光《打狗瑣譚》〈台灣豆粕〉，高雄春暉出版社，1994 年，頁 281。

　　幼時，筆者的家位在小驛頭前方，印象中還記得，永豐餘圍牆南面有一塊祖父留下的土地，因為養了許多豬，所以稱為「豬牢」[2]的地方，從「豬牢」到我們梁姓家族居屋所在，其間都是黃家的土地。因為這裡是高地，沒有傳統的灌溉圳道，所以這片農地都是旱田。在「豬牢」和梁姓家屋之間來回，可以看到黃家人辛勤的在旱地上工作。所以，我們家族中就有人講了一段話：「沿著復興街，從小驛頭到久堂公墓，除了鐵道與永豐用地，土地不是姓黃的，就是姓梁的。」

　　因為黃姓家族最早定居於久堂，以立下基業為代表的人物黃盛，當然會遺下一些傳奇性的故事。筆者二伯母是黃盛的親姪女，未嫁前在盛昌碾米廠當會計，在世時，常常提起黃盛娶親軼聞。黃盛自幼因出生時雙腳長短不同，長大後央人為媒，媒人介紹了一位家住無水寮，雙眼中有一眼視力較弱的女孩給他。到了相親之時，媒人怕雙方事後反悔，就說：「恁叨看予清、看予明，兩人三蕊目睭，毋通事後長短跤話。」

　　結果，黃盛夫妻仍然順利結婚，婚後生活美滿。以黃盛的聰明才智，在久堂創下了深厚的基業。黃盛一生事業，也隨著鳳梨製罐產業的興衰而起落，昭和 10 年（1935）正當臺灣鳳梨合同株式會社成立，同時鳳梨製罐產業景況黃昏沒落之時，黃盛亦將盛昌碾米廠移交給了親弟黃明治經營，成為後來的振昌碾米廠。

【西元 1929 年大日本職業別明細圖辨誤】
①粗線框起的「振南鳳梨工場」實為「泰芳鳳梨工場」。盛昌碾米廠位置即在振南與泰芳之間，也就是在醮伯公祠前方。

2　牢：臺語 tiâu，豬牢即豬舍。

第二節　驛起驛落－開創「金義成商店」的梁毛

久堂梁姓家族的開基祖梁毛，是筆者祖父，生於明治17年（1884）（圖4-2-1），梁姓本屬井仔腳望族。家族原在井仔腳「溜府逝」[3]古道旁，開設有一間店面，店名「金和成」，買賣南北雜貨。自日治時期開始，一些井仔腳出身的梁姓子弟，如梁毛、梁建滁先後來到久堂，都頗有生意頭腦。

明治40年（1907）以後，因為九曲堂鐵道建設通車載客，原來依靠「溜府逝」古道往來臺南的商旅，逐漸稀落。梁毛和他的母親，因此離開井仔腳，來到當時正在建造淡水溪鐵橋與打

圖 4-2-1
久堂梁姓家族的開基祖梁毛（原張存於梁家），筆者掃描於 20161018。

狗水道工事附近的地方，母子倆人搭建起一座簡單的草寮，賣起冰品冷飲。當年，經營這麼新潮又消暑的行業，對大太陽底下總共成千上萬工人次，體力吃重的工人來說，當然有極大的吸引力，生意之好就可想而知了。

梁毛父親梁喫逝世之後，井仔腳的商店分給梁毛的弟弟梁善。梁毛和母親倆人因為有先前在淡水溪鐵橋下做生意的經驗，看好久堂火車站地帶未來的發展，就在大正10年（1921）先到久堂做生意。至大正13年（1924）10月14日，向黃盛買下了靠近九曲堂驛前方的五二一番土地（圖4-2-2）以及土地上的幾間矮屋。梁毛在買下土地後，開始

3　liu-hù- tsuā，本處所指為古代萬丹以南地方經大寮往臺南的道路。

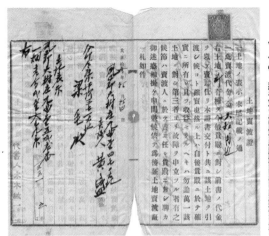

圖 4-2-2
土地賣渡證，原張存於梁家，筆者掃描。

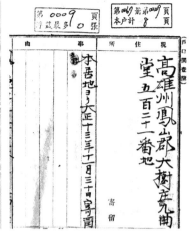

圖 4-2-3
大正 13 年（1924）10 月 14 日，梁家向
黃盛五二一番土地文件資料，筆者掃描。

正式經營「金義成商店」，並從井仔

腳陸續接來家人。為了應付店面、屯貨、居住空間與祖廳祭祀的多重

需求，又建了二層樓連棟的大厝，從此定居久堂（圖 4-2-3）。

　　當時梁毛所開設的商店，不只買賣一般食品雜貨店看得到的東西，

其他諸如：農具、繩索、肥料、化粧品，甚至運送業務，以及後來加入

的電器用品、電線路裝配器具，都成了經營販售的標的物。到現在，筆

者家族還保存有當初郵便秤重使用的「宮本式書狀計」與其使用法說明

書（圖 4-2-4、圖 4-2-5）。

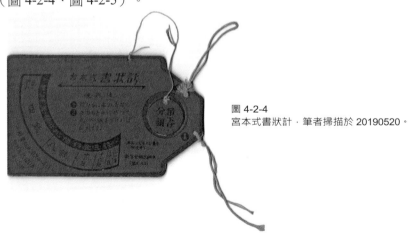

圖 4-2-4
宮本式書狀計，筆者掃描於 20190520。

圖 4-2-5
宮本式書狀計使用說明書，筆者掃描於 20190520。

　　筆者幼時看過家裡有一個厚木板製作的大櫃檯，極為沉重，檯面有一個錢孔，錢孔底下又有一個能夠上鎖的大抽屜。聽說，當時生意繁忙，大抽屜一天要抽出數次，好倒出收取其中塞滿的錢幣。又常常聽父親回憶說起，他們小時候可以任意拿取店頭食品，塞在口中咀嚼的零食，蝦仁不算最愛，常常就是一顆顆的干貝。

　　由梁毛身後留下來的土地，南自瓦厝，北到公館驛、竹仔寮，大多在古道、鐵道和日治工事兩旁，也可以看得出梁毛看好日本人建設九曲堂，有著生根落土經營的眼光。尤其是現在復興街上，梁毛在當時面對驛站的地方買了面寬五十多公尺的土地，建蓋連棟的大厝和房舍，而與黃盛並雄。難怪，我們家族中就有人講了一段話：「沿著復興街，從小驛頭到久堂公墓，除了鐵道與永豐用地，土地不是姓黃的，就是姓梁的。」

圖 4-2-6
原件攝於大正 14 年（1925）時期（原張存於梁家），筆者掃描於 20161003。

　　梁毛經營的「金義成商店」，子孫留下了三張珍貴的相片，久堂的盛衰年代剛好可以從這三張老相片解讀。從相片中，可見商店的店面在不同時期展現了不同面貌。

　　大正 14 年（1925）時期的相片，店面招牌說明「金義成商店」剛剛開設未久，殖產局附屬鳳梨種苗養成所也在本年底買下既有事務所，看好本地鳳梨事業。這時，本地鳳梨製罐工場也剛開始起步不久，所以「金義成商店」，只經營一般食品雜貨店、肥料、化粧品以及因應火車驛站的運送業務。（圖 4-2-6）

　　昭和 10 年（1935）時期的相片，臺灣鳳梨合同株式會社成立，泰芳也停產，這可以從「金義成商店」的招牌，看到鳳梨產業衰退之前，商店經營業務的急速擴展，留下了久堂繁華一瞥的印記。（圖 4-2-7）

　　昭和 16 年（1941）日本發動大東亞戰爭，這時期的「金義成商店」

圖 4-2-7
原件攝於昭和 10 年（1935）時期（原張存於梁家），筆者掃描於 20161003。

圖 4-2-8
原件攝於昭和 16 年（1941）時期（原張存於梁家），筆者掃描於 20161003。

生意明顯萎縮，招牌上面可見經營的業務甚至不如大正 14 年（1925）
當初之勢（圖 4-2-8）。

　　梁毛在久堂驛頭開基所經營的生意，適逢久堂地方建設啟始，梁
毛乘勢高飛，二十六歲以後的生命力量，可以說和久堂鐵路息息相關，
四十歲以後的事業，更是本地鳳梨製罐工場發展的相對寫照。一切只
可說是形勢比人強，「金義成商店」也在梁毛民國 37 年（1948）過世
之後，幾年之間關門歇業。

> 【西元 1929 年大日本職業別明細圖辨誤】
> ②「金榮進商店」實為「金義成商店」，詳如圖 4-2-6、圖 4-2-7、圖 4-2-8
> 店門口所掛招牌。

第三節　開創「協同成商店」的蔡腳來

　　「協同成商店」為蔡腳來所創立，他於光緒元年（1875）至光緒
6 年（1880）之間出生，原本是井仔腳人，在梁毛之後搬來久堂火車站
旁開設商店。以晚於梁毛的記憶年代，加以「西元 1929 年大日本職業
別明細圖」的久堂市街，可以看到當時「協同成商店」位置已被標記
來推算，蔡腳來所創立的「協同成商店」應於大正 14 年（1925）至昭
和 4 年（1929）之間開始營業。

　　當時，梁毛的「金義成商店」和蔡腳來的「協同成商店」，這兩
棟先後幾年間建造的商店，據蔡家口傳，是當年九曲堂最氣派且唯二
的兩層樓豪宅。又根據蔡腳來之孫蔡銘顯（昭和 18 年〔1943〕生）的
記憶，當時買賣經營的商品，有食品乾貨、煙酒公賣、米、炭、化粧品、
五金、電氣用品等等，應該和同時代的「金義成商店」所賣差不多。

　　因為蔡腳來並無兒子，就為女兒蔡月里（人稱「番婆」，大正 6

圖 4-3-1
蔡腳來的女兒蔡月里—協同成商店第二代，蔡銘顯提供，筆者翻攝於 20190527。

年（1917）（圖4-3-1）招了陳志文（人稱「墨賊」，昭和3年〔1914〕年生）入贅。婚後，「協同成商店」大多仍是蔡月里照顧。當時，蔡月里也在商店之前，經營水果的運銷業務，把「協同成商店」經營得有聲有色。但，大約是在民國69年（1980）左右因時勢遷移，商店縮小規模，只賣食品雜貨至今。

訪問蔡腳來之孫蔡銘顯之時，又意外獲得一個獨特的口傳－據說九腳桶地名的來源，這故事也摻雜著筆者小時候在家裡所聽聞的依稀記憶。傳說在古代，九曲堂之所以稱為九腳桶，是因為此地尚未成庄之前，有人在這地方偷偷藏了許多桶子非法釀酒並買賣，因而成為官兵嚴加查緝的所在，所以地名被稱為「酒家桶」，或又被稱為「九腳桶」。

這則九曲堂開基故事，並不普遍流行於在地眾人口中，可能僅僅是蔡家堅固的流傳，而在筆者幼年竄入耳聞。現在重新聽來，蘇醒的記憶與當下口述有如雙重演唱，著實令我心靈震撼，也如傳說中的藏酒一樣，令我深深沉醉。這一則將要佚失的傳說，由蔡家重又口述，正好說明著蔡姓家族做為商店經營者，面對著九曲堂，其商家的眼光和角度，以及其對於九曲堂源由解釋的轉化。

【西元1929年大日本職業別明細圖辨誤】
③「協發商店」實為「協同成商店」，直到現在協同成商店」還在營業。

第四節　傳承傳安醫院－行醫濟世的宋顯榮醫師

傳安醫院始自大正13年（1924）5月，由日本九州大分縣人氏三浦祐策醫師（久堂人昵稱「三浦仔」）在九曲堂登錄開業（圖4-4-1）。五年後，於昭和4年（1929）6月，傳安醫院做了移轉（圖4-4-2），

圖 4-4-1（左）
引用資訊：「醫籍登錄」（1924 年 05 月 29
日），〈臺灣總督府府報第號〉，《臺灣總督
府（官）報》，國史館臺灣文獻館，典藏號：
0071023246a011。
圖片來源：國史館臺灣文獻館提供。

圖 4-4-2 （右）
引用資訊：「醫籍登錄」（1929 年 07 月 27
日），〈臺灣總督府府報第號〉，《臺灣總督
府（官）報》，國史館臺灣文獻館，典藏號：
0071030728a007。
圖片來源：國史館臺灣文獻館。

改由一位名叫「瑞傳」的醫師開業十四年。

　　根據臺灣總督府府報記錄，三浦祐策自大正 8 年（1919）起，一直
到昭和 4 年（1929），共在臺灣行醫十三年，期間經歷大樹腳（1919-
1923）、援巢（1923-1924）、九曲堂（1924-1929）、溪埔（1927-1932），
可說在臺灣的行醫歲月，幾乎都貢獻給了大樹鄉里。

　　翻閱「西元 1929 年大日本職業別明細圖」的久堂市街，當時傳安
醫院開業時的位置，在建村街靠近火車站，而三浦祐策醫師的家宅，
則在當今建村與新社兩街交叉口位置。也因為當時，三浦祐策賣了家
宅土地給「瑞傳」醫師，醫院位置才遷移到當時建村與新社兩街交叉
口位置。依據筆者所翻查資料，其實這位「瑞傳」醫師就是黃瑞傳博
士，他不僅大名鼎鼎、擅於投藥治療當時流行的瘧疾，也是國民政府

時代，高雄市首任的衛生院長[4]。

　　傳安醫院最後於昭和 18 年（1943），由宋顯榮醫師父親從黃瑞傳醫師手中買下，移轉給宋顯榮醫師。宋顯榮醫師，生於明治 41 年（1908），原是臺南仁德鄉人，日本帝大醫科畢業，辭世時年紀八十五歲（圖 4-4-3、圖 4-4-4）。當時大樹地區只有大樹陳昭喜、久堂宋顯榮兩位西醫。隨著國民政府來臺，傳安醫院後來也改名為傳安診所，而在民國六十多年歇業。筆者年少時，還常常看見頭髮花白的宋醫師，為了行醫往診奔忙。宋醫師的小兒子宋達雄（昭和 11 年〔1936〕生），也在筆者訪問時回憶說：

圖 4-4-3
傳安醫院宋顯榮醫師，宋達雄提供。筆者翻攝於 20190423。

圖 4-4-4
宋顯榮醫師全家福（左邊立有傳安醫院招牌）。後排右為宋顯榮醫師，左為宋夫人，最前者為口述人宋達雄，中央老者為宋醫師母親，分立其左右者為口述人之兄姊，宋達雄提供。筆者翻攝於 20190423。

4　林曙光《打狗瑣譚》〈瘧疾〉，頁 23。

　　宋醫師昔日行醫，遇到貧窮人家付不起醫療費，常常讓人一賒再賒，而不追討。甚至，遇到遠道而來，沒錢坐車回家的病人，還要為他貼足回程車資。宋醫師也時常遠出往診（出診），例如：到過麻竹園、烏栽林、翁公園等地。往診的交通工具，最早是人力車，為此還特別請雇了一位專門拉車的人員。之後，往診的交通工具，改成了騎腳踏車，最後才是騎機車。有時情況緊急，病家會自行雇請交通工具，上門來接宋醫師往診。就曾經有遠自烏栽林的人家，深夜差派了一頂轎子來敦請宋醫師。

　　宋醫師一般到遠地往診之時，也常順便就地義診，村民見到宋醫師來，就會相互奔告。宋醫師請病人排隊問診後，就當場為病人開了一張處方箋，看病不拿藥。等到某一天，村子裡有人要來九曲堂辦事，大家就紛紛拿出處方箋來託付。所以，宋醫師的診所也常常看到受到請託的人，臨櫃拿出厚厚一疊處方箋，順便來領取全村需要的藥，也算是一場時代的奇景。

第五節　為土地接生的產婆－王水治

　　久堂有一個替人接生嬰孩的助產士故事，助產士名叫王水治，生於明治 41 年（1908），原籍臺南，嫁給了對於金銀飾品頗為專精，又同是臺南人的陳海棠（圖 4-5-1）。就在她二十多歲，久堂驛頭周邊的建設蓬勃發展之時，夫妻倆人到了久堂大驛頭前（即今建村街）開金店做生意。直到昭和 16 年（1941）日本發動大東亞戰爭，金店生意做不下去，才漸漸收了起來。

圖 4-5-1
產婆王水治與夫婿陳海棠。王水治之孫陳建名提供，筆者掃描於20190604。

　　王水治少女時期，因為曾經接受過日治時代臺南醫院助產婦講習所的課程訓練（圖4-5-2），又透過官方考試，取得產婆執業許可證明。這個從學習到取得產婆合法執業的過程，在當時重男輕女、封閉的社會來說，並不容易。因此，王水治就憑著她的本事，在當時的九曲堂庄與附近地方，擔任負責為婦人接生的業務。

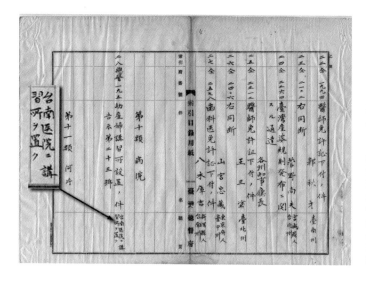

圖 4-5-2
臺南醫院助產婦講習所設置。引用資訊：「臺灣產婆規則發布二關スル通達（各州知事廳長）」（1923年01月01日），〈大正十二年十五年保存第三卷〉，《臺灣總督府檔案》，國史館臺灣文獻館，典藏號：00007161024。圖片來源：國史館臺灣文獻館提供。

　　對婦人生產，臺灣民間諺語形容：「生會過雞酒香，生袂過四塊板」，就說出了古代婦女懷孕生產，固然是喜事，但是也存在著極大死亡風險。當時，合法產婆的執業，正是日本政府解決這個問題的簡捷方法。也正因為不像現在由專業的醫生負責，更可見當年產婆助產深受產婦依賴，責任重大。

　　王水治的大女兒陳麗坤女士，生於昭和3年（1928），為大樹第二屆鄉長黃世英之妻。她回憶指出，日治時代她的母親所從事的產婆工作，帶有公家公務的性質。筆者因此認為，這就是當時由本地街庄派任的公設產婆。當年王水治一天接生的嬰孩數，有時達到四、五個。做為產婆為人助產，白天半夜，無論晴雨都要出門。有時坐著三輪車，有時坐著旗山線的臺糖小火車，有時緊急了，男人家也會騎著腳踏車到家門口來接人。

　　當時如果遇到對方是貧窮人家，則不收助產費，當成做了一件善事。或有時，遇到嬰兒的腳先出來，王水治也盡全力克服困難，讓母子均安，生產順利。難怪王水治，地方人士不直接叫她的名字，而是繼承日語職稱，習慣叫她為「產婆」，在地方上受到尊敬的程度，一點都不亞於醫生。

　　人在臺北的陳麗坤女士，在電話訪問那頭也回憶起，九曲堂的小驛頭位置曾經在電信局前方，比起後來氣派的小驛頭，顯得較小而又較為簡陋。她又回憶說，小驛頭大約是在她小學五、六年級的時候，遷到了後來的位置。她受訪時已九十一歲，是九曲堂車站附近居民當中，唯一能有此段歷史記憶的眼見人了。

　　一直到民國40年（1951）左右，也就是在「金義成商店」關起店門之後，王水治之夫陳海棠申請了公賣煙酒，開始了「和泉商店」買賣雜貨和文具的營業。這時的王水治，再數年之後，已漸漸接近筆

者幼年所見，滿頭銀髮、皮膚白皙，雙眼深邃、五官輪廓分明，形如歐美婦女的樣子（圖 4-5-3）。當是時，王水治仍在為接生嬰兒奔忙，滿頭的銀髮，更是增添了她的雨露風霜，為了下一代生命，不辭辛勞的形象。

圖 4-5-3
產婆王水治，背景為「和泉商店」玻璃櫥櫃。王水治之孫陳建名提供，筆者掃描於 20190604。

第五章

陪伴鐵道
的老行業

第五章
陪伴鐵道的老行業

第一節　接手永德運輸行的吳興

　　永德運輸行在地人慣稱為「丸永」，因為招牌，就是在一個圓圈中央放一個永字。「丸永」原為一位來自中北部，名叫「在德仔」的人在日治結束前後幾年期間所創設，經過短暫經營之後，不知何因，轉移給吳興經營。

　　從「西元1929年大日本職業別明細圖」的久堂市街，可以看到當時永德運輸行的位置，在當時被標記為岡田運送店。由吳家保留的舊相片中可以瞭解，岡田運送店的老闆岡田嘉作（圖5-1-1）於昭和12年（1937）7月返日，將一切業務讓售給臺灣運輸株式會社（參見【補記】及【筆者註】）。

圖 5-1-1
前排坐者岡田運輸店岡田嘉作夫婦偕子昭和 12 年（1937）離台前留影。吳崇雄提供，筆者掃描於 20190602。

此時期正巧就在鳳梨製罐產業的衰退期間，可以推想而知，岡田運送店的經營已較昔日更為艱難。

後來接替永德運輸行業務的吳興（圖5-1-2），為大樹區洲仔庄人，生於明治45年（1912）。青年時期來到久堂，先在大驛頭前的官鐵運送室工作。據吳興么子吳崇雄（民國42年〔1953〕生）回憶，當時官鐵運送室為了考驗吳興的品德，曾偷偷在桌上放了一些錢，結果，一點都不貪心的吳興，又把錢放回了抽屜。因此，吳興獲得了信任，後來在相關運送業務上，也受到日本人的升職重用。

圖 5-1-2
年輕時的吳興，吳崇雄提供，筆者掃描於
20190602。

在久堂生活穩定了下來後，吳興就在二十三歲時，娶了一位九腳桶在地女性為妻。大約就在昭和10年（1935）之後，不僅是久堂，整條旗山線也因為鳳梨製罐產業的衰退，運送業務受到影響，加上六年後大東亞戰爭爆發，吳興只好改換跑道到臺糖會社高雄港倉儲上班，剛好體驗到第2次世界大戰軍機轟炸高雄港的慘重經歷。

日治結束之後，那幾年期間，遇到永德運輸行轉讓，熟悉運送業務的吳興就頂了下來。但因為吳興自己正在臺糖高雄港倉儲上班，無法分身，就權宜把永德運輸行交給大兒子營運，期間也交給二女兒經營。後來吳興在臺糖退休後，再度重掌了運輸行業務，直到民國67年（1978）高速公路完成以後，火車托運業務量變得稀少，才逐漸結束營業（圖5-1-3）。

圖 5-1-3
永德運輸行（攝於民國 59 年元月），吳崇雄提供，筆者掃描於 20190602。

圖 5-1-4
臺鐵九曲堂貨運服務處，筆者攝於 20031022。

圖 5-1-5
臺鐵九曲堂貨運服務處門牌及招牌，筆者攝於 20031022。

　　吳興么子吳崇雄回憶說，吳興平常的正職是在高雄駁二的臺糖倉庫上班，永德運輸行只是副業，運輸行在久堂有兩間，一為官方臺鐵所有，在現今的建村街與復興街交叉口南角位置（圖 5-1-4），一為吳家所有的永德運輸行。綜合訪查資料，官鐵運輸行大都擔負煤炭、軍用車輛、坦克等等公家機關物資的運送業務（圖圖 5-1-5）。私人運輸

行則專門承辦私人的運送業務，如：永豐餘的紙漿、在地的磚瓦窯品，以及沿臺糖旗山線南來托運的水果、車輛等等。

吳崇雄指出，運送業務個人也可以自辦，但程序繁瑣，困難重重。因為運送行填寫鐵路托運單據，業務程序熟練，又擁有自家運輸行的鉛封，所以還是交給運送行最為利便快捷。

在運送物品搬運到鐵路倉庫等待貨車廂，或直接搬上貨車廂的過程，又或者是反向的過程裡，其中的搬運工人是慣稱為「苦力（ku-lí）」的散工。其中有的苦力比較容易接到工作，會相招其他苦力一起來完成即時性的搬運工作，但他們並沒有正式的老闆，也沒有某一人擁有固定的班底或組織。

筆者小時候因為家住火車站邊，常看苦力成群的搬運重物。尤其是，往昔常見的袋裝物品，只見苦力從頭到肩後，覆蓋在一塊約三尺見方的厚布巾之下，裂嘴咬住方巾在面前的一角，防止方巾掉落，再把肩背後面已經攤開的方巾，貼靠貨物袋。同時，手握一種柄端帶尖爪的布袋鉤（圖 5-1-6），勾住貨物袋，或揹負、或托肩而行搬運，非常辛苦。吃完飯後的午休時間，常見他們三三兩兩，或在鐵路倉庫內，或在官方運送行騎樓下覓地而眠，這應該是他們最放鬆的時候了。

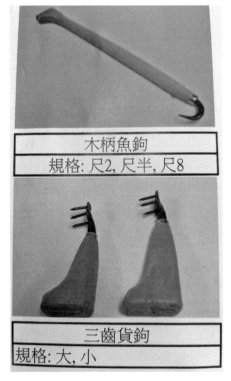

圖 5-1-6
苦力的工具—柄端帶尖爪的布袋鉤。筆者20210617 翻拍自景興五金目錄。

【補記】

筆者到吳家訪談後，繼續與吳家保持聯絡往來，在彼此信任之下，吳興的么子吳崇雄夫妻交給了筆者一本珍貴的老相簿，讓筆者帶回家掃瞄。翻開吳家所留存的老相簿，充滿吳興的親筆註記，吳興一絲不苟的文書性情，好像活生生就在坐在眼前。老相簿有時間、事件、人名等等註記，交代得極為清楚。由這裡面，筆者發現了吳興筆記岡田運送店的老闆岡田嘉作，於昭和 12 年（1937）7月返日，將一切業務讓售給「臺灣運荷」（圖 5-1-7）。

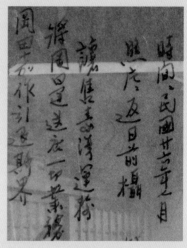

圖 5-1-7
吳興手筆，吳崇雄提供。筆者掃描於
20190602。

【筆者註】

臺灣運送荷役統制株式會社設立於日治最後一年，即昭和 20 年（1945），前述補記最後之「臺灣運荷」應正誤為「臺灣運輸」，即當時早已成立的臺灣運輸株式會社，這又可從吳興在另外一張昭和 16 年（1941），與臺灣運輸九曲堂營業所主任川田孝道合影的照片註記中閱讀得出（圖 5-1-8）。

圖 5-1-8
吳興手筆，吳崇雄提供。筆者掃描於 20190602。

第二節　糖廍與載蔗牛車路

　　無水寮糖廍，行政區域屬久堂里，位在湖底和無水寮交界附近，俗稱「湖垯崎」的地區邊緣。這一方「湖垯崎」，自筆者幼時，即常有鬼怪出沒的傳說。

　　筆者幼時，母親在家裡開設九曲堂第一家燙髮院，客人坐成一排，彼此之間常常閒聊。記得當時，傳說「湖垯崎」是鬼怪或僵屍橫行之地，夜晚經過要是聽到女子的哭泣聲，千萬不要停下腳步轉頭尋找。據說，那位哭泣女子時常背對路人，只要路人近前關心尋問，女子一轉回頭，就會現出猙獰的面目嚇人。尤其是夜晚騎著腳踏車，經過「湖垯崎」千萬不要停下，如果感覺到踩踏的雙腳，忽然變得越來越用力，更是千萬不要因為好奇，而回頭看是誰偷偷坐上後座開玩笑，據說有人因此回頭看到不好的東西，回家後生了病，求神問卜躺床好幾天。

　　糖廍，位於鄰近「湖垯崎」的傳說源出地，自然也少不了有關它的故事。這一則真實的人物故事發生在日治時代，當時有一位來自中國的先生，在烏糖廍做炒糖師傅，不知他的真實姓名，大家習慣尊稱他為「雞丁師」。雞丁師來到「湖垯崎」，因為甘蔗的收成有其季節性，加上自己本身擅長武術，尤其是非常擅打「達尊拳法」，也就是本地人通稱的「雙枝手」。於是趁著工餘之時，收了一些好武的本地人為弟子，教習拳技。

　　依據上述傳說故事，鄰近於「湖垯崎」的無水寮糖廍建立於什麼年代？它和它的取用水井的位置，到底又在什麼確切的地點？這些一直讓筆者掛念在心，想要求得答案。這件事，幾經查閱日治臺灣總督府府報和檔案，終於有了答案。

　　從明治35年（1902）4月起，臺灣總督府就制定了「臺灣糖業獎勵規則」，開始獎勵補助製糖場設置製糖機械器具，促使舊式製糖技

術進步，成為機械動力榨取蔗汁的改良式糖廍（圖 5-2-1）。加以明治
38 年（1905）6 月，臺灣總督府又制定「製糖場取締規則」，明確劃
分改良式糖廍之間所配給採取區域，保障改良式糖廍製糖所需甘蔗原
料之取得（圖 5-2-2）。終使臺灣的改良糖廍設置數量，從「臺灣糖業
獎勵規則」制定以來，到明治 37 年（1902）為止的毫無建樹，暴增到
明治 39 年（1906）的 56 間。無水寮糖廍，就是在此時段設置，於明
治 38 年（1905）10 月由黃東外等 19 名共同投入經營，被官方分配到
的甘蔗原料採取區域有：大樹腳、小坪頂、無水寮等三庄（圖 5-2-3）。

圖 5-2-1
引用資訊：「臺灣糖
業獎勵規則」（1902
年 06 月 14 日），
〈臺灣總督府府報第
號〉，《臺灣總督府府
（官）報》，國史館臺
灣文獻館，典藏號：
0071011172a001。
圖片來源：國史館臺灣
文獻館提供。

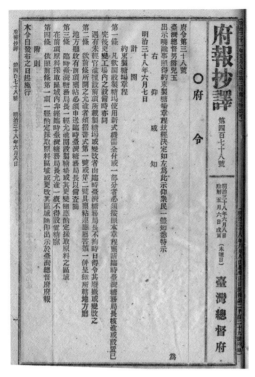

圖 5-2-2
製糖場取締規則府報抄譯。
引用資訊：「製糖場取締規則」（1905 年 06 月 07 日），〈臺灣總督府府報第號〉，《臺灣總督府府（官）報》，國史館臺灣文獻館，典藏號：0071011764a001。
圖片來源：國史館臺灣文獻館提供。

圖 5-2-3
無水寮糖廍原料採取區域剪輯圖。
引用資訊：「製糖場原料採取區域」（1905 年 10 月 26 日），〈臺灣總督府府報第號〉，《臺灣總督府府（官）報》，國史館臺灣文獻館，典藏號：0071011854a008。
圖片來源：國史館臺灣文獻館提供。

　　兩年半後，無水寮糖廍於明治 41 年（1908）4 月，原料採取區域被削除掉大樹腳，只剩小坪頂與無水寮兩庄，營業規模縮小許多（圖 5-2-4）。其實，此時期所謂的改良式糖廍，也不過是使用新式金屬齒輪替換舊有的石輪，仍舊使用獸力，動力來源並未加以改善。在大正 2 年，（1913）出版的《臺灣糖業の批判》內有「台灣製糖場原料採取區域圖」的圖片，就可以看到無水寮糖廍被以紅點標記（圖 5-2-5）。

○製糖場原料採取區域中改正

明治三十八年十月二十六日府報第千八百五十四號公告欄揭載鳳山廳觀音內里姑婆寮庄製糖場原料採取區域，觀音內里一圓」ノ下ニ「小竹上里大樹脚庄(舊庄名大坪頂ヲ除ク)」ヲ追加

明治三十八年十月二十六日府報第千八百五十四號公告欄揭載鳳山廳小竹上里無水寮庄製糖場原料採取區域中大樹脚庄(舊庄名大坪頂ヲ除ク)ヲ削除

右公告ス

明治四十一年四月　臨時臺灣糖務局長代理技師 小花和太郎

一 存 報　第二千四百十二號　明治四十一年四月十四日　(第

圖 5-2-4（左）
無水寮的糖廍縮減。
引用資訊：「製糖場原料採取區域中改正」（1908 年 04 月 14 日），〈臺灣總督府府報第號〉，《臺灣總督府府（官）報》，國史館臺灣文獻館，典藏號：0071012412a013。
圖片來源：國史館臺灣文獻館提供。

圖 5-2-5（下）
大正 2 年（1913）臺灣製糖場原料採取區域圖之中的無水寮糖廍。臺灣研究古籍資料庫，臺灣糖業の批判，著：宮川次郎，發行：東京市 糖業研究會，大正 2 年（1913），臺灣製糖場原料採取區域圖 [17]。
圖片來源：中央研究院臺灣史研究所檔案館典藏。

大正2年 (1913) 臺灣製糖場原料採取區域圖之中的無水寮糖廍

因此，在往後日治政府以改良式糖廍為過渡，發展新式製糖場為目的，以提高製糖品質之政策下，無水寮糖廍逐漸式微。其經營權轉易變動如下：

大正 4 年（1915）6 月，無水寮糖廍由安部幸兵衛個人承繼（圖5-2-6）。大正 5 年（1916）4 月，無水寮糖廍由安泰糖廍合名會社承繼（圖 5-2-7）。大正 5 年（1916）7 月，無水寮糖廍由臺南製糖株式會社承繼經營（圖 5-2-8）。大正 14 年（1925）11 月，當時營運旗尾線糖業鐵道的鹽水港製糖株式會社，又承繼經營無水寮糖廍（圖 5-2-9）。隔年，即大正 15 年（1926）2 月，無水寮糖廍製糖事業被廢止，其原料採取區域亦被併入鹽水港製糖株式會社旗尾製糖所，無水寮糖廍自此關門，停止製糖（圖 5-2-10）。其詳明如表 5-1：

表 5-1　無水寮糖廍承繼經營變動表

西元	月	日治時代	創設與承繼	圖號
1905	10	明治 38 年	黃東外十九名創設	（圖 5-2-3）
1915	6	大正 4 年	安部幸兵衛個人承繼	（圖 5-2-5）
1916	4	大正 5 年	安泰糖廍合名會社承繼	（圖 5-2-6）
1916	7	大正 5 年	臺南製糖株式會社	（圖 5-2-7）
1925	11	大正 14 年	鹽水港糖株式會社	（圖 5-2-8）
1926	2	大正 15 年	廢止	（圖 5-2-9）

為何對於製糖事業，如無水寮糖廍，從改良式糖廍到新式製糖，日治時代要花費大約十年的時間，大費周章終而堅定的完成呢？參考伊能嘉矩所論，原來日本所需之糖，專靠臺灣產製船運供給，糖價常受臺灣內變影響至鉅，直到德川將軍雖獎勵自植自產，使日本有了製

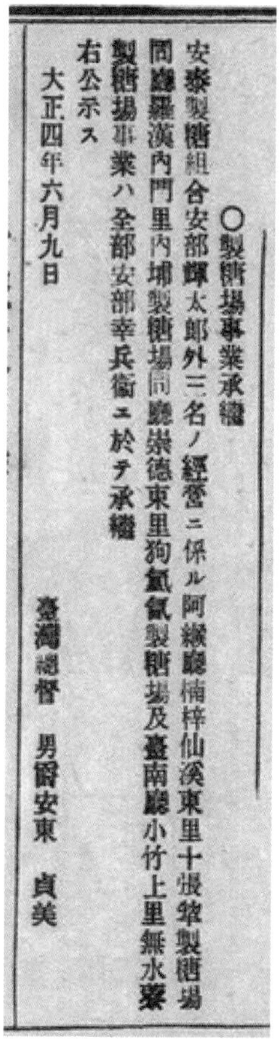

○製糖場事業承繼

安泰製糖組合安部輝太郎外二名ノ經營ニ係ル阿緱廳楠梓仙溪東里十張犂牧製糖場同廳羅漢內門里內埔製糖場同廳崇德東里狗氤氳製糖場及臺南廳小竹上里無水藔製糖場事業八全部安部幸兵衛工於テ承繼

右公示ス

大正四年六月九日

臺灣總督　男爵安東　貞美

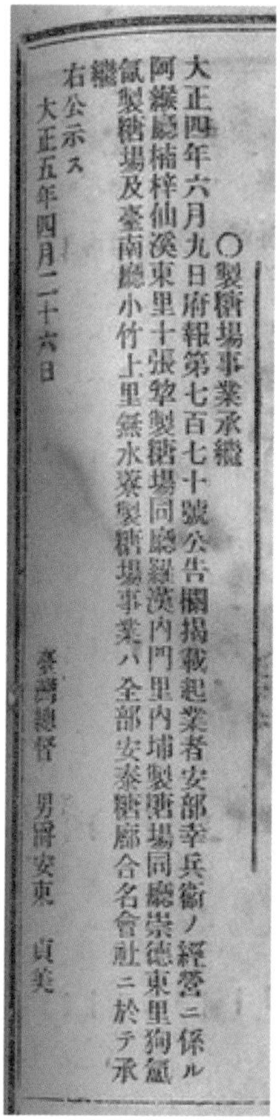

○製糖場事業承繼

大正四年六月九日府報第七百七十號公告欄揭載起業者安部幸兵衛ノ經營ニ係ル阿緱廳楠梓仙溪東里十張犂牧製糖場同廳羅漢內門里內埔製糖場同廳崇德東里狗氤氳製糖場及臺南廳小竹上里無水藔製糖場事業八全部安部糖廊合名會社ニ於テ承繼

右公示ス

大正五年四月二十六日

臺灣總督　男爵安東　貞美

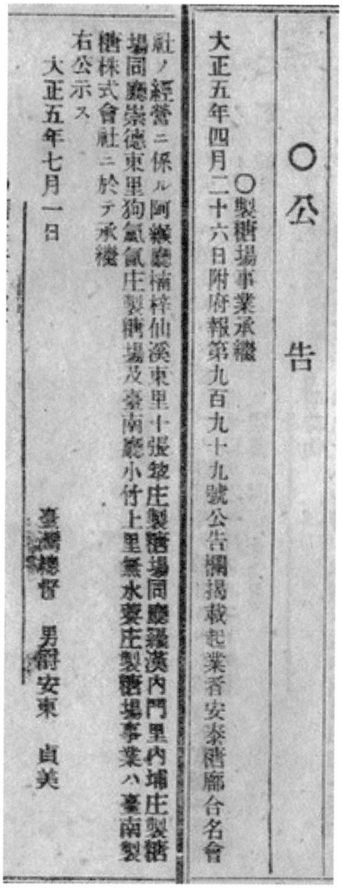

○製糖場事業承繼

社ノ經營ニ係ル阿緱廳楠梓仙溪東里十張犂牧製糖場同廳羅漢內門里內埔製糖場同廳崇德東里狗氤氳製糖場及臺南廳小竹上里無水藔庄製糖場事業八臺南製糖株式會社ニ於テ承繼

右公示ス

大正五年七月一日

臺灣總督　男爵安東　貞美

○公告

大正五年四月二十六日附府報第九百九十九號公告欄揭載起業者安泰糖廊合名會社ノ經營ニ係ル阿緱廳楠梓仙溪東里十張犂牧製糖場同廳羅漢內門里內埔庄製糖場同廳崇德東里狗氤氳製糖場及臺南廳小竹上里無水藔庄製糖場事業八臺南製

圖 5-2-6（左）
無水藔製糖場，由安部幸兵衛承繼。
引用資訊：「製糖場事業承繼」（1915 年 06 月 09 日），〈臺灣總督府府報第號〉，《臺灣總督府府（官）報》，國史館臺灣文獻館，典藏號：0071020770a007。
圖片來源：國史館臺灣文獻館提供。

圖 5-2-7（中）
安部幸兵衛經營之無水藔製糖場，全部由安泰糖廊合名會社承繼。
引用資訊：「製糖場事業承繼」（1916 年 04 月 26 日），〈臺灣總督府府報第號〉，《臺灣總督府府（官）報》，國史館臺灣文獻館，典藏號：0071020999a009。
圖片來源：國史館臺灣文獻館提供。

圖 5-2-8（右）
無水藔糖廊承繼剪輯圖。
安泰糖廊合名會社所經營之無水藔庄製糖場，全部由臺南製糖株式會社承繼經營。
引用資訊：「製糖場事業承繼」（1916 年 07 月 01 日），〈臺灣總督府府報第號〉，《臺灣總督府府（官）報》，國史館臺灣文獻館，典藏號：0071021050a016。
圖片來源：國史館臺灣文獻館提供。

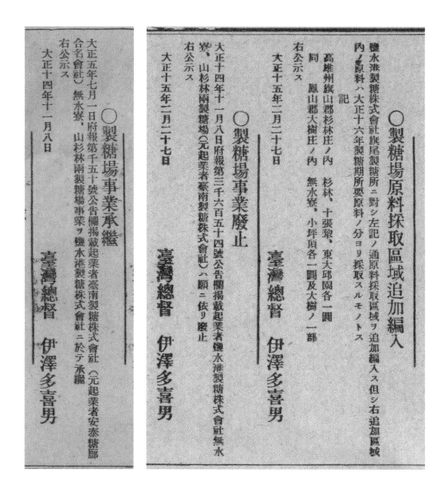

圖 5-2-9（左）
無水寮的糖廍被鹽水港承繼。
引用資訊：「製糖場事業承繼」（1925 年 11 月 08 日），〈臺灣總督府府報第號〉，《臺灣總督府府（官）報》，國史館臺灣文獻館，典藏號：0071023654a011。
圖片來源：國史館臺灣文獻館提供。

圖 5-2-10（右）
無水寮糖廍廢止，採取區域編入鹽水港區域。
引用資訊：「製糖場原料採取區域追加編入」（1926 年 02 月 27 日），〈臺灣總督府府報第號〉，《臺灣總督府府（官）報》，國史館臺灣文獻館，典藏號：0071023741a005。
圖片來源：國史館臺灣文獻館提供。

糖能量，但仍無法自給自足，猶需大量仰賴臺灣之糖[1]。這形成了日本在臺灣投下巨資，驅使臺灣製糖事業進步的基礎原因。

後來，水寮里史榮瑞先生熱心幫忙筆者聯絡，並找到幾經易手的糖廍土地，經現在黃姓地主的允許入內勘查（圖 5-2-11）。發現糖廍建築雖然早已不見，但是糖廍的取水用井，歷今一百一十五年，仍然保存得非常完好，不僅如此，筆者也查知了當時甘蔗原料的進出路徑。

無水寮糖廍，座落在永豐餘紙業後方公墓外不遠的湖底溝岸邊，糖廍用井因此得天獨厚，用井不必挖深而全年得水不斷。即便至今水土過度開發，湖底溝常受乾涸，影響到本井水位，但只要一遇大雨，溝水豐沛，本井水仍會溢流而出。現場勘查本井，井壁以磚砌而成，每一塊壁磚都燒成紅色，其中一面彎弧內凹，面向內井，用以順滑並美化內井壁面（圖 5-2-12、圖 5-2-13）。

當時，無水寮糖廍的甘蔗原料進出，以無水寮糖廍的原料採取區域被併入鹽水港製糖株式會社旗尾製糖所為一個分界，即大正 15 年（1926）年初。此時之前的原料採取，糖廍傳統上都是依靠牛車在鄰近的採取區間，以陸路往內運送，向無水寮糖廍運載。大正 15 年（1926）之後，因無水寮糖廍製糖事業已遭廢止，所以無水寮的甘蔗原料都往外運送，先依賴陸路運載，再換成糖業鐵路到達旗尾糖廠製糖。

就在無水寮糖廍遭到廢止之後，無水寮甘蔗原料的載運變動，糖廍北側的牛車路，就扮演了主要的角色。此時期，又分為兩個階段，以昭和 3 年（1928）10 月旗尾線公館站設置為時間分界。公館未設站之前，牛車運載甘蔗往外的陸路，經過糖廍北側，越過湖底溝上坡到「溜府逝」（liu-hú-tsuā，本處所指為古代萬丹以南地方經大寮往臺南的道路），再沿著「溜府逝」向南，接上久堂里的道路到電信局邊的

---

1 伊能嘉矩著，《台灣文化誌》〈第三章 糠業設施〉，頁 346。

圖 5-2-11
糖廍的取水用井，筆者攝於 20190331。

圖 5-2-12
糖廍的取水用井以磚砌而成的井壁，筆者攝於 20190331。

圖 5-2-13
壁磚都燒成紅色，一面彎弧
內凹，面向內井，用以順滑
並美化內井壁面，筆者攝於
20190331。

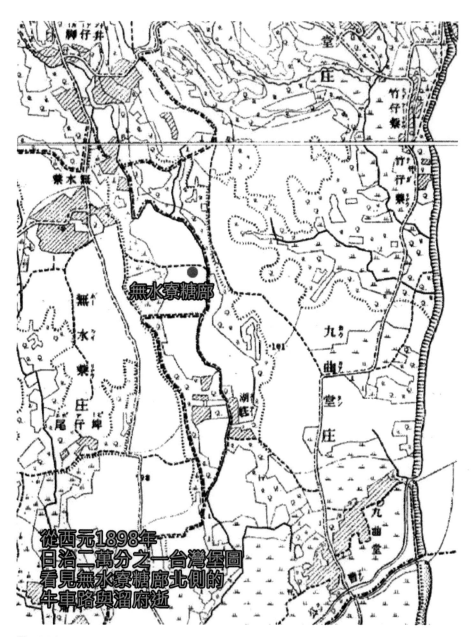

圖 5-2-14

從「西元 1898 年日治二萬分之一臺灣堡圖」看見無水寮糖廍位置、北側牛車路與溜府逝

引用資訊：「西元 1898 年日治二萬分之一臺灣堡圖」（明治版），圖中紅點及無水寮糖廍五字為筆者所標註。

底圖來源：中央研究院人社中心圖資。

九曲堂站交蔗，再轉糖鐵旗山線運輸，到達旗尾糖廠。公館設站之後，牛車運載甘蔗往外的陸路，經過糖廍北側，越過湖底溝上坡到「溜府逝」之後，翻過山崙，改到較近的公館站交蔗，再轉糖鐵旗山線運輸，到達旗尾糖廠。（圖 5-2-14）

現在湖底溝岸留存這口一百多年的古井，見證了日治時代改良式糖廍的興盛與衰退，也見證了本地在當時擁有附近地區製糖原料採取的地位。從古至今，這口一百多年古井，不僅度量著湖底溝地下水文百年的變化，更如一支根植土地的望遠鏡，看透糖廍周邊牛車運載甘蔗的路線更動。這口百年以上的古井，至今仍然保存良好，看它粗短的形體，宛如一根夜裡讀史的火燭，照亮起還未被磨滅的古跡，鬼怪僵屍的傳說，似乎因此又活靈活現了起來。幼年時候，聽到的鬼怪僵屍也似乎在記憶中重現，那種當時因為害怕，而加速躍動的心跳，從現在回想過去，就是生命的節奏啊！

第三節　乘著鐵橋建造之勢的賣冰行業

臺灣俗話說：「第一賣冰，第二做醫生」，道盡了地處亞熱帶地區的臺灣，賣冰生意好賣好賺錢的情形。可是，臺灣的「冰」生意又從何時開始呢？

記得年幼時，筆者父親在下班後的晚間，常常會帶著筆者去冰攤，筆者和父親如果不是一起吃冰，就是一起吃切塊的水果。待年紀稍長，父親下班之後，就不再時常帶著筆者出門。可是這時，只要找不到父親，就直接到他常去的幾家冰攤，一攤一攤去找，一定可以找到，而且可以分到剉冰或水果來吃。這像父子捉迷藏的遊戲，還有透心涼的獎賞，當時，確實讓筆者深深著迷。

那個年代，我們家族祖廳曾經懸掛著兩張相片，一為祖父，一為祖母的肖像。有次年節，大家在祖廳拜祭祖先，就聽長輩提起，當年鐵橋建造的辛苦情景，其中還說起擅長於做生意的祖父梁毛，他深深

知道建橋工人在酷熱天氣下的需求，就在竹仔寮搭了簡易棚架，賣起當年最新潮的冰和冷飲。當時，筆者想著「新潮」這兩字，這就是臺灣最早有「冰」的時候嗎？

近來追查地方文史，因為上述的個人記憶，致使賣冰行業引起筆者很大的注意。於是，在日治總督府檔案查到了一些相關的資料。

原來，明治 30 年（1897）之前，臺灣的冰塊都從鄰近的日本內地或英國屬地香港進口，明治 29 年（1896）還因為冰塊在臺北淡水稅關檢查，發生溶冰的損失，以致香港領事提出照會事件（圖 5-3-1）。當年為了亞熱帶臺灣本地冰塊的大量需求，以及稅關檢查此種無可改進而難以避免的損失，就在隔年，明治 30 年底（1897），臺灣製冰株式會社設立登記。除了臺灣地處亞熱帶，夏天極為炎熱之外，期間，由於日治初期對臺灣的積極建設，致使臺灣各地經濟繁榮，冰量需求更為增大，再加上明治 34 年（1901）政府對製冰業加以勸業補助（圖

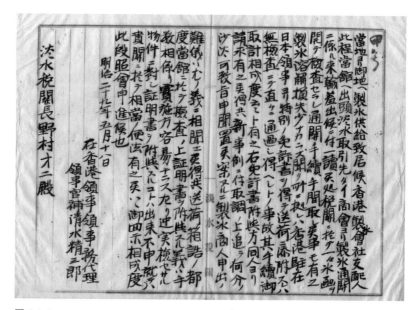

圖 5-3-1
引用資訊：「製冰檢查二于シ香港領事照會ノ件」（1896 年 06 月 01 日），〈明治二十九年十五年保存第十三卷〉，《臺灣總督府檔案》，國史館臺灣文獻館，典藏號：00004510025。
圖片來源：國史館臺灣文獻館提供。

5-3-2），免不了製冰業蜂起而激烈競爭。本時期，單單臺南、高雄地方，就有明治 40 年（1907）臺灣製冰株式會社在臺南移裝了 5 噸製冰機，三年後（1910）擁有 2 噸半製冰能力的古賀製冰所在高雄成立。翌年（1911）臺灣冷藏合資會社也在臺南設立，安裝 5 噸製冰機[2]。終致，臺灣製冰株式會社在經營近十五年之後，由於激烈的競爭，於大正元年（1912）讓渡給新高製冰株式會社（圖 5-3-3）。

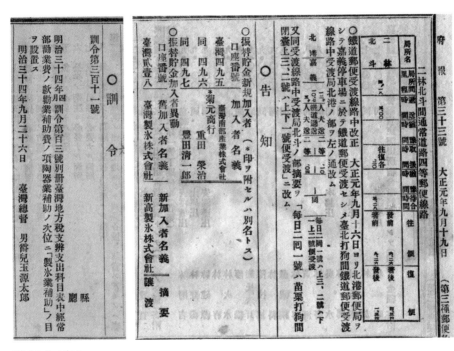

圖 5-3-2（左）
引用資訊：「明治三十四年度臺灣地方稅支辦支出科目表中科目設置」（1901 年 09 月 26 日），〈臺灣總督府府報第號〉，《臺灣總督府府（官）報》，國史館臺灣文獻館，典藏號：0071011027a003。
圖片來源：國史館臺灣文獻館提供。

圖 5-3-3（右）
引用資訊：「振替貯金加入者異動」（1912 年 09 月 19 日），〈臺灣總督府府報第號〉，《臺灣總督府府（官）報》，國史館臺灣文獻館，典藏號：0071020033a017。
圖片來源：國史館臺灣文獻館提供。

2　王俊昌〈日治時期臺灣水產關聯產業的發展—以製冰冷藏業為例〉，刊於《海洋文化學刊》第二十一期 (2016.12)，頁 193-221。

　　筆者祖父梁毛，就在這一段臺灣開始蓬勃發展製冰的期間，開展了他賣冰的生意。配合著明治44年（1911）日本政府啟動興築阿緱鐵路，建造其中最艱難的淡水溪鐵橋，以及在竹仔寮動工，歷經近九年，一直到大正8年（1919）才確定供水無虞的打狗水道工事。筆者祖父梁毛，大約就在這幾年期間，依靠南部製冰業的設立，以及鐵道運輸，供應無虞欠缺的冰塊，建立以成千上萬總工人次為目標市場，提供吃冰飲涼的生意[3]。隨著工程的完成，風頭轉向，祖父梁毛才轉往九曲堂另創自己從小熟悉的雜貨事業。

　　可是，當時的冰塊如何托運保存呢？筆者大姑剛好嫁給了經營買賣冰塊生意的九曲堂林家。筆者在小時候就看過他們把冰塊儲放於家中，使用細木屑厚厚掩蓋，藉以保冷而久存。要是有冰攤或某一戶人家「叫冰」，筆者姑丈馬上撥開木屑，用冰鉤拖出冰塊。如果冰塊太大，就再使用冰鋸鋸成所需要的量（臺語的數量單位為「手」），再把剩下來的冰塊推回原位，迅速的重新掩蓋上厚厚的細木屑。平常人家到店購買的冰塊，綑以草繩，方便購買人提著回家。冰攤或冰店叫用的冰塊，則用麻布袋包裹，繫於腳踏車後架，迅即運送到店交貨。

　　早期就是因此依靠著製冰、存冰無礙的通道，才有可能發展出臺灣全面的賣冰行業。除了這麼早期的賣冰之外，地處亞熱帶的臺灣，當然因著製冰業的興盛，也帶動起冰菓室的繁榮。九曲堂就有一間「泉昌冰菓室」，位置在九曲堂派出所隔壁，經筆者查訪泉昌冰菓室老闆娘洪秀琴（昭和10年〔1935〕生）口述「泉昌冰菓室」的故事，經整理後如下：

　　李碧川，昭和8年（1933）生，為萬丹新庄人，在當兵之前與同

3　到底打狗水道在竹仔寮取入口的工程，有多麼需求人力呢？我們可以從大正6年（1917），打狗水道九曲堂取入口為了再加裝兩臺重型抽水幫浦，工期一年，而追加達到6904總在地人力數額看得出來。（詳第三章第一節）

村洪秀琴結婚。因為家中種田，祖遺土地又不多，又聽一位表妹說九曲堂派出所隔壁有「泉昌冰菓室」一間，老闆原為派出所林姓警察，因職務調派，將要舉家遷往臺北，想趕快移轉換人。李碧川夫妻倆人覺得機會難得，就向父親提議，出外拚一拚事業，免得食指浩繁，給全家帶來負擔。

於是，李碧川二十一歲之時，帶著妻子洪秀琴離開萬丹，搬家到久堂，接手「泉昌冰菓室」，並承租了冰菓室所在的房子。當時，所承接的「泉昌冰菓室」內，原有一台約 1 馬力，無法達到製冰，但足以冷卻飲料的小型箱構機檯。因為供需的關係，客源以無水寮陸戰隊的老芋仔士官長為最主要顧客，他們每天買一壺熱茶坐下來，大多成群在此打牌，就打發了半天，甚至一整天。所以，剛開始雖稱為冰菓室，但實際上更像清茶館，雖賣有冷飲、水果，但仍以熱茶招呼客人為主。

直到大約民國 54 年（1965）左右，「泉昌冰菓室」安裝了一台 3 馬力的製冰機，才開始真正製冰，賣起了冰棒。筆者還記得年幼時，跟著其他的大孩子到「泉昌冰菓室」「割枝仔冰」，冰菓室會提供冰桶給孩子裝冰棒，按冰棒支數先付錢。孩子提著冰桶，就自己想辦法到處賣，有的到工地賣工人，有的趕野台戲賣看戲的人，有的鑽入軍營營房賣阿兵哥。有時不好賣，有的孩子提著還裝有冰棒的冰桶回來，不管是溶了還是未溶化，「泉昌冰菓室」照樣依剩餘支數退錢給孩子，不讓孩子吃虧。冰菓室和孩子之間，形成一種有趣的上下游買賣，富有信用而且正面供需的關係。

這種和孩子之間共同拓展賣冰業務的關係，一直到民國 59 年（1970）左右，因為一般家庭生活收入普遍改善，同時開始重視孩童學業的情況下，漸漸消弭。「泉昌冰菓室」只好改向附近庄頭的商店店面，還有學校合作社寄放冰桶，一天固定巡補兩次，以保持冰棒的

數量。但即使這樣的辛勤努力，好時光也過不了幾年，再也擋不了如同小美冰淇淋這種大型公司，藉由廣告強力推動、提供流行的多樣冰品。最後，「泉昌冰菓室」終於自我變通，走向喜慶宴客的供需網絡之中，穩下成長腳步，一直到今天猶然看見它具有冷凍設備的廂型貨卡，停在店門外，準備即將出發配貨。

早期冰菓室的經營，如同前述，竟賣起了熱茶，以地處亞熱帶的臺灣來看，實在很不可思議，但從中國兵的文化背景來看，又覺得可以瞭然理解。再者，進一步追究「泉昌冰菓室」創立的年代，以筆者對本地歷史地理的認識，日治時代的九曲堂小學範圍已經到達此地位置。所以「泉昌冰菓室」，填補了九曲堂小學前門鄰近空地而開了店面，應於日治結束的民國 34 年（1945）之後才創立，第一任老闆應該就是林姓警察。

當然，九曲堂後來的賣冰故事，不只這些，從店面、騎樓發展到月台邊，也從小女孩賣冰幫忙家計，發展到阿兵哥與冰店小姐的愛情故事，串連起九曲堂吃冰的閃亮歲月。這些從日治時代開始，在亞熱帶臺灣襲捲而起的冰雪風暴，在各處留下許許多多的足跡，也隨著九曲堂的繁華，風湧興盛、平復消散，正等待著，我們進一步踏入時光隧道，更深入的加以發掘。

後記

灼見九曲堂

後記
灼見九曲堂

　　一如本書前言文中所提，「對於九曲堂附近區域，是有所想像的，尤以日治時代在此地的建設，更為鮮明」。這些，不僅表現在日治時代九曲堂車頭與街區所見，人口增多、商店林立，曾經建成的繁榮景況而已。吾輩甚至可以從老一輩的口中，聽聞鳳梨產業沒落之後，日本政府仍接續著九曲堂未來願景，而有著對九曲堂未竟的事業。

　　沿著老一輩的記憶，這一種想望未來而未留建設的遺跡，有如對日治時代過於思念所造成的傳說幽徑。筆者又翻查了國民黨政府初期的文件資料，發現一份高雄縣議會於民國44年（1955）8月24日「為建議政府將新設啤酒廠建址本縣九曲堂以利供應南部消費市場電請予採納由」，而發給臺灣臨時省議會的公文。內文第二條提及：「復查日據時期之臺灣專賣局經有此項建廠計劃，并會由日人專賣局長佐治孝德，高雄支局長松本源吉，技士野本只勝，課長桑田寅三等來縣勘查廠地址，認定本縣九曲堂為最適當之新廠建址。蓋以本縣九曲堂地處南部下淡水溪畔，該溪水流充沛，水質潔淨，為釀造啤酒大好水源，且下淡水溪之南北一帶土地肥沃，米麥生產量冠於全省，於原料之供應，無虞缺乏，且該處之公路鐵道均極便利，而與高雄市僅有咫尺之距，極便拓展國外市場之運銷」（圖1、圖2）。

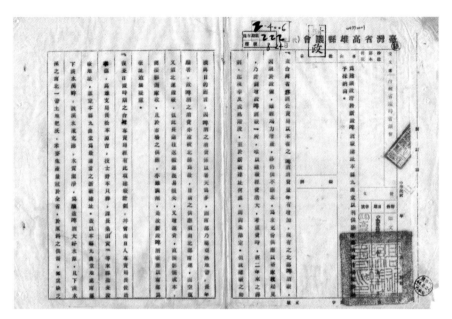

圖 1
高雄縣議會於民國 44 年（1955）8 月 24 日「發給臺灣臨時省議會的公文。
圖片來源：中央研究院臺灣史研究所檔案館典藏。

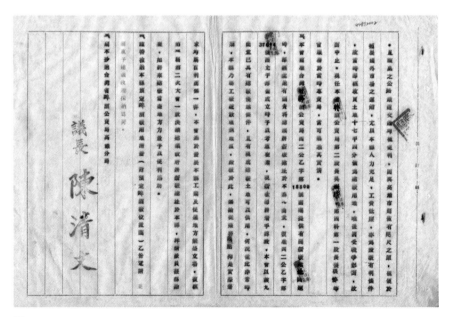

圖 2
高雄縣議會於民國 44 年（1955）8 月 24 日「發給臺灣臨時省議會的公文。
圖片來源：中央研究院臺灣史研究所檔案館典藏。

　　細查臺灣總督府專賣局公文，佐治孝德其時由庶務課長晉任而受命專賣局長，於昭和 17 年（1942）7 月 3 日就任（圖 3），昭和 19 年（1944）8 月 26 日卸任（圖 4）。想必在這段大約兩年的任期，佐治孝德來到九曲堂勘查啤酒廠廠地，因而認定九曲堂為最適合啤酒廠新廠的建址。佐治孝德這一段專賣局長任期，剛好就落在國民黨接管臺灣之前一至三年的期間。啤酒廠建廠認定期間如此之近，難怪前引高雄縣議會公文言：「復查日據時期之臺灣專賣局經有此項建廠計劃」，充滿了應成而未成的遺憾意味。

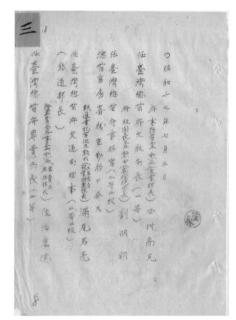

圖 3（左）
引用資訊：「局長佐治孝德任專賣局長」（1942-07-01），〈昭和十七年七月至九月人事書類其三專賣局〉，《臺灣總督府專賣局》，國史館臺灣文獻館，典藏號：00112527003。
圖片來源：國史館臺灣文獻館提供。

圖 4（右）
引用資訊：「書記官局長中平昌局長發令；仝佐治孝德退官」（1944-07-01），〈昭和十九年七月至八月臺灣總督府專賣局公文類纂人事〉，《臺灣總督府專賣局》，國史館臺灣文獻館，典藏號：00112541154。
圖片來源：國史館臺灣文獻館提供。

　　雖然，這件在日治時期認定的未來建設，到了國民黨政府手中被消弭於無形，日治時期此啤酒廠的土地「高雄縣啤酒工廠預定位置圖」（圖5），其相近位置後來又成為「永豐餘紙廠」的廠區。但是，前引高雄縣議會公文內容已透露出，因為九曲堂周遭一帶水源豐沛、水質優良的天然地理優勢，加上日治時代的鐵道交通建設，使得九曲堂與高雄市僅有咫尺之距，便利拓展國外市場之運銷。

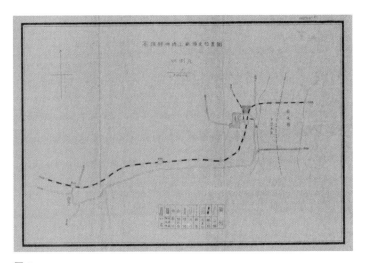

圖5
高雄縣啤酒工廠預定位置圖。
圖片來源：中央研究院臺灣史研究所檔案館典藏。

　　在本地老一輩口中，日本政府在九曲堂發展交通，利用軌道延伸廣大的農業腹地，發展對水質水源無害的潔淨工業，進一步把九曲堂建設成了一個農產加工集散的市埠重鎮。這不僅意在保護未來百萬人口所需的水源地，也含有擘劃未來高雄港市願景的深意。現今，筆者在九曲堂面對現代工廠，聞著趁著黑夜排放的臭氣，回憶起年幼時走過的棕黑色淡水溪，心中不禁為故鄉錯失的年代，扼腕不已，此後能再有誰，灼見九曲堂？

本書調查採訪新發現

　　整理本書內調查採訪的新發現，以供後人易於查詢，因此列舉前人所未發現論述的遺跡遺事犖犖大者二十二點，如下：

一、明治 35 年（1902）之前林少貓居住與活動的粿葉樹崙，其位置之發現。

二、明治 41 年（1908）跨過淡水溪的簡便橋樑，是一條糖業鐵道，為臺灣製糖株式會社所架設。其在九曲堂橋端起點，除了比大正 2 年（1913）所建鐵橋的橋端偏北一些，幾無差異。

三、明治 42 年（1909）緊接著獲得運輸營業許可的九曲堂驛，位在庄內，在是臺灣製糖株式會社設立的小驛頭。

四、明治 43 年（1910）最初在久堂設立的九曲堂小驛頭，位在電信局前方偏南位置。

五、昭和 7 年（1932）設立的公館小驛頭，其位置之發現。

六、大正 1 年（1912）打狗水道輸水管路線及輕便鐵道之發現。

七、大正 5 年（1916）小坪頂水源地向屏東供水、阿緱水道輸水管路線之發現。

八、大正 5 年（1916）阿緱水道量水器室設立，為距今百年以上古蹟建築。

九、大正 6 年（1917）竹仔寮取水站疑似取入設備追加工事的地底坑道之發現。

十、鳳梨種苗養成所建築物群發現（最晚之建物於昭和 2 年（1927）建造）。

十一、 昭和 2 年（1927）鳳梨種苗養成所至九曲堂輕便鐵道發現（小段疊合阿緱水道）。

十二、 醮伯公原初實為石頭公，與其廟埕曾做為三種不同用途的利用

之發現。

十三、飯田豐二紀念碑設立時間，與飯田豐二在臺灣詳實紀年列表。

十四、「西元 1929 年大日本職業別明細圖」辨誤。

十五、昭和 7 年（1932）高雄水道擴張工事唧筒井在竹仔寮取水站內
　　　遺跡之發現。

十六、昭和 7 年（1932）高雄水道擴張工事麻竹園至竹仔寮的導水路
　　　及其疑似遺跡之發現。

十七、岡田運送店的老闆名岡田嘉作，於昭和 12 年（1937）7 月返日，
　　　將一切業務讓售給「臺灣運輸株式會社」之發現。

十八、臺鐵九曲堂車站剪票口室內上方照片，錯誤解讀為明治 40 年
　　　（1907）至大正 2 年（1913）的官線九曲堂大驛頭，實則為明
　　　治 43 年（1910）至大正 2 年（1913）旗尾線電信局前方之九曲
　　　堂小驛頭。

十九、明治 38 年（1905）10 月由黃東外 19 名共同投入經營，距今百
　　　年以上無水寮糖廍與保存良好糖廍用井之發現。

二十、發現九曲堂的賣冰行業，以梁毛起頭，最早從明治 44 年（1911）
　　　興築淡水溪鐵橋，沿著建造時間更久的竹仔寮打狗水道工事，
　　　提供工人而經營。

二十一、挖出久堂大小驛頭百年市街商業與各家族開基活動。

二十二、日治末期曾經認定在九曲堂建置啤酒工廠，竟而成為未完成事業。

　　　當初，九曲堂調查採訪之時，筆者常常被問起，問這個做什麼？
有什麼用？或者，為什麼要知道？回憶起筆者從小接受學校教育的階
段，從來不知道自己出生和生長的地方到底曾經發生了什麼事，有的
也只有從長輩口中模糊的聽到，根本連「略知梗概」都說不上。這使
我們和上一代以及更久遠祖先的世界無法連結，進一步造成了「我是
誰？」「如何認識自己？」的困擾。以筆者在地方所以要調查的經驗

來說，可說出發點完全僅只單純的想滿足個人欲求，用以認識自己，解決自己的困擾為目的。

　　直到筆者整理調查資料，地方故事開始明朗之後，才逐漸有了將心比心的念頭。也許有許多人，尤其可能是某些九曲堂人和筆者一樣有這樣歷史欠缺的遺憾，也想要知道更多九曲堂的詳細過往。於是，筆者才想要再進一步整理調查資料，寄給高雄市歷史博物館「寫高雄－屬於你我的高雄歷史」冀求出版成書。總之，當初實在想到的，僅在於希望能解決部分目前眼前可見的需求。但是，在上述新發現之下，也許閱讀者捧讀本書之後，仍然會有許多能促進地方文史，與進一步研究追查的歷史細節。

　　比如說：因為有關林少貓居住與活動的粿葉樹崙，在本研究的地圖位置明朗，能帶來林少貓更具體的記憶，也能提供讀者揣度昔日溪埔地生活的部分樣態。又，本研究對地方事件細節的追究交代，應該能幫助讀者理解九曲堂在時空下變動的歷史背景。還有，本研究對於「西元 1929 年大日本職業別明細圖」以及九曲堂火車站相片的辨誤發現，或許也能提供其他研究者日後更加小心使用文獻或相片資料的參考。其他，對更多的事案有興趣的讀者，其實還可繼續追查，諸如：九曲堂為了工廠生產或工程建設所搭設之更多鐵道線的繼續發現、賣冰行業如何連接到現今九曲堂更多的冰冷飲店面、昭和 7 年（1932）高雄水道擴張工事遺跡的保存與繼續追查、九曲堂預定啤酒工廠與永豐餘建廠歷史的關連與接續等等，都在在值得有興趣的讀者接踵本研究的腳步，繼續予以追查。

要事紀年表

年代	西元	事件摘要
明治 35	1902	此前林少貓居住活動於粿葉樹崙，即位在九腳桶正東稍南的溪埔地
明治 38	1905	無水寮糖廍由黃東外 19 名共同投入經營
明治 40	1907	庄內九曲堂大驛頭設置，開始運輸營業
明治 41	1908	臺糖鐵道淡水溪架橋
明治 42	1909	臺糖鐵道九曲堂小驛頭運輸營業開始
明治 43	1910	高砂製糖旗尾線運輸營業開始，九曲堂小驛頭設置於電信局前方
明治 44	1911	臺糖鐵道九曲堂阿緱間運輸營業廢止／啟動興築阿緱鐵路／梁毛於竹仔寮搭棚賣冰／醮伯公埕成為材料放置所，存放阿緱鐵路與打狗水道之工料
大正 2	1913	小坪頂水源地開始向高雄供水／飯田豐二病逝數月後設立紀念碑／淡水溪鐵橋通車營運，九曲堂大驛頭自庄內遷移到久堂
大正 5	1916	阿緱水道完成，小坪頂水源地開始向屏東供水／建立小坪頂量水器室
大正 7	1918	打狗水道九曲堂取入口追加設備工事竣工
大正 8	1919	黃盛土地由「畑」變更為「建」／打狗水道原作業所廢除並新設事務所
大正 9	1920	丸安鳳梨工場 (濱口) 設立丸德鳳梨工場 (德田) 設立／梁毛結束竹仔寮冰棚生意
大正 13	1924	三浦祐策醫師開業／丸六鳳梨工場 (振益) 設立／梁毛到久堂開創金義成商店
大正 14	1925	泰芳鳳梨工場 (第三、四工場) 設立／殖產局附屬鳳梨種苗養成所買收小坪頂量水器室，而為事務所

（續上表）

九曲堂車頭風華煙塵

要事紀年表

年代	西元	事件摘要	
大正 15	1926	黃盛設立振南鳳梨工場／無水寮糖廍製糖事業被廢止	
昭和 2	1927	殖產局鳳梨種苗養成所九曲堂至打狗水道交叉處輕便軌道竣工／鹽水港糖業旗尾線鐵道讓渡臺糖	
昭和 3	1928	旗尾線新設龍目、公館站，開始客運	
昭和 4	1929	傳安醫院移轉給黃瑞傳醫師／近東鳳梨工場設立	
昭和 5	1930	殖產局附屬鳳梨種苗養成所改稱大樹鳳梨種苗養成所	
昭和 7	1932	高雄水道擴張工事竣工	
昭和 10	1935	臺灣鳳梨合同株式會社成立	
昭和 12	1937	岡田嘉作返日，將岡田運送店讓售給臺灣運輸	
昭和 13	1938	屏東獨立供水系統竣工	
昭和 14	1939	下淡水溪人道橋建成通車	
昭和 15	1940	大樹鳳梨種苗養成所休閒地出租	九曲堂小驛頭北遷
昭和 16	1941	九曲堂大驛頭遷往九曲村公學校前方	
昭和 18	1943	傳安醫院又從黃瑞傳醫師移轉給宋顯榮醫師	
民國 44	1955	高雄縣議會行文臺灣臨時省議會，建議新設啤酒廠依日治認定建址於本縣九曲堂	
民國 67	1978	中山高速公路全線通車／臺糖旗尾線結束客貨運	
民國 71	1982	拆除臺糖旗尾線鐵軌與九曲堂小驛頭	
民國 79	1990	新建九曲堂大驛頭遷回久堂里	

國家圖書館出版品預行編目（CIP）資料

九曲堂車頭風華煙塵 / 梁明輝著 . -- 初版 . -- 高雄市：
　行政法人高雄市立歷史博物館, 2021.08
　　面；　公分 . -- (高雄文史采風；第 20 種)
　　ISBN 978-986-5465-46-9(平裝)

　1. 歷史 2. 人文地理 3. 高雄市大樹區

733.9/133.9/109.2　　　　　　　110013425

高雄文史采風　第 20 種

九曲堂車頭風華煙塵

著　　者｜梁明輝

發 行 人｜李旭騏

策劃督導｜王舒瑩

行政策劃｜莊建華

高雄文史采風編輯委員會
召 集 人｜吳密察
委　　員｜王御風、李文環、陳計堯、劉靜貞、謝貴文（依姓氏筆劃）

指導單位｜文化部
補助單位｜高雄市政府文化局
出版單位｜行政法人高雄市立歷史博物館
地　　址｜80347 高雄市鹽埕區中正四路 272 號
電　　話｜07-531-2560
傳　　真｜07-531-5861
網　　址｜http://www.khm.org.tw

共同出版｜麗文文化事業股份有限公司
地　　址｜80252 高雄市苓雅區五福一路 57 號 2 樓之 2
電　　話｜07-2265267
傳　　真｜07-2233073
網　　址｜http://www.liwen.com.tw
郵政劃撥｜41423894　麗文文化事業股份有限公司
法律顧問｜林廷隆律師
責任編輯｜李麗娟
美術編輯｜薛東榮
封面設計｜北澄文化事業社

出版日期｜2021 年 8 月初版一刷
定　　價｜新台幣 300 元整

ISBN　978-986-5465-46-9　　　　　　（平裝）
GPN　1011001193

本書為文化部「110 年度書寫城市歷史核心——地方文化館提升計畫」經費補助出版